KB200477

물러서지 마

**물러서지 마**

지은이 | 데이비드 플랫
옮긴이 | 정성묵
초판 발행 | 2023. 6. 21
등록번호 | 제1988-000080호
등록된 곳 | 서울특별시 용산구 서빙고로65길 38
발행처 | 사단법인 두란노서원
영업부 | 2078-3333  FAX | 080-749-3705
출판부 | 2078-3332

책값은 뒤표지에 있습니다.
ISBN 978-89-531-4511-5 03230

독자의 의견을 기다립니다.
tpress@duranno.com  www.duranno.com

두란노서원은 바울 사도가 3차 전도 여행 때 에베소에서 성령 받은 제자들을 따로 세워 하나님의 말씀으로 양육
하던 장소입니다. 사도행전 19장 8-20절의 정신에 따라 첫째 목회자를 돕는 사역과 평신도를 훈련시키는 사역,
둘째 세계선교TM와 문서선교단행본·잡지 사역, 셋째 예수문화 및 경배와 찬양 사역, 그리고 가정·상담 사역 등을 감
당하고 있습니다. 1980년 12월 22일에 창립된 두란노서원은 주님 오실 때까지 이 사역들을 계속할 것입니다.

예수를 온전히 따르기 위하여

# 물러서지 마
## DON'T HOLD BACK

데이비드 플랫 지음

정성묵 옮김

두란노

낙심과 환멸과 상처와
의심과 분열을 겪고 있는
이 시대 크리스천들을 위해,

그리고  더 중요하게는
진짜 그리스도를 보기 원하는
다음 세대에게 이 책을 바친다.

# 항상 돌아가야 할,
## 성경적 복음

복음은 좋은 소식(good news)이다. 한 분이신 유일하게 참된 하나님이요 사랑 많은 창조주이며 주권적인 왕이요 만사의 거룩한 심판관께서, 그분의 형상을 따라 경이롭고 동등하고 독특하게 창조된 인간들이 그분께 반역하여 그분으로부터 분리되어 그분 앞에서 죽어 마땅하게 된 것을 보시고, 육신을 입은 하나님이신 그분의 아들 예수님을 보내, 완벽하고도 강력한 삶을 살고 희생적이고 대속적인 죽임을 당한 뒤 무덤에서 일어나 죄와 사탄과 죽음에 대해 승리를 거두게 하셨다는 좋은 소식이다.

복음은 하나님의 은혜로운 초대(gracious invitation)이다. 모든 나라와 족속과 백성과 방언에 속한 죄인들에게, 회개하고 예수님을 믿어 죄의 용서를 받고, 모든 우상에서 돌아서서 왕이신 예수님만을 향한 충성을 선포하고, 오직 예수님만을 주님으로 믿으라는 하나님의 초대이다.

복음은 약속(guarantee)이다. 예수님이 모든 나라와 족속과 백성과 방언에서 구속된 사람들을 위해, 그분의 거룩한 임재의 빛으로 만물이 새로워진 새 하늘과 새 땅에, 그분의 나라를 세우고 영원토록 공의로운 통치를 펼치기 위해 영광 중에 다시 오실 것이라는 약속이다.

복음에 따르면 예수님을 믿지 않는 사람들은 지옥에서 끔찍한 고통을 영원토록 당할 것이고, 예수님을 믿는 사람들은 천국에서 하나님과의 만족스러운 교제를 영원토록 누릴 것이다.

# CONTENTS

들어가며   항상 돌아가야 할, 성경적 복음  / 6

프롤로그   우리 앞에 놓인 위험, 낙심하고 지친 이들에게  / 12

PART 1

# 나의 복음을 깨뜨리고
# 예수 복음으로,
# 물러서지 말라

1. 적대감에서 사랑의 연합으로

## '서로' 싸우는 것이 아니라
## '서로를 위해' 싸우라  / 24

2. 무정함에서 연민의 마음으로

**성경의 확신에
영혼을 향한 연민을 더하라** / 55

3. 논쟁에서 정의의 실천으로

**하나님이 미워하는 것을
우리도 미워하라** / 87

4. 편견에서 용납으로

**피부색이 아닌 예수님에게서
정체성을 찾으라** / 122

5. 애국심에서 열방으로

**예수님을 누리고 높이는 일에
각자의 역할을 하라** / 163

6. 우상에서 하나님으로

**복음의 목표는 하나님이다** / 200

PART 2

# '철저한' 돌이킴을 넘어
# '온전한' 살아 냄으로

7. 예수를 따름에 물러서지 않게 하는 6가지 실천들

## 나의 열심과 최선이 아닌
## 예수의 영광을 위해 살다 / 232

감사의말  순전한 복음을 위해 달려가는 동역자들에게  / 257

주  / 260

우리 앞에
놓인 위험,

낙심하고
지친 이들에게

"모든 것을 걸고 위험을 감수할 수 있겠습니까?"

해리(Harry)는 내 눈을 뚫어져라 쳐다보면서 물었다. 내가 살아온 세월보다도 몇 십 년 더 예수님을 따른 그는 진지하게 나에게 질문했다. 우리는 미국 수도인 워싱턴 D.C. 도심의 성경 박물관(Museum of the Bible) 꼭대기에 있는 접견실의 작은 탁자에 앉아 있었다. 해리의 어깨 너머로 미국 국회의사당 건물이 보였다.

몇 해 전 우리 가족은 워싱턴 시내로 이사 왔고, 그 뒤로 나는 인생에서 가장 힘들고 맥 빠지는 시기를 지나고 있었다. 물론 십 년 전 예수님을 따르고 성공 신화에서 벗어나 진정한 신앙을 되찾는 데 따르는 대가를 주제로 책을 썼을 때도 비판과 반대가 잇따랐다. 하지만 그에 못지않게, 아니 그보다 훨씬 더 많은 찬사와 기회도 따라왔다. 당시 목회하던 교회는 나날이 성장했고, 나는 미국 전역을 넘어 전 세계 곳곳에 강사로 초청되었다. 아이러니하게도 성공 신화를 걷어차라고 외친 책을 쓴 결과, 오히려 그 성공 신화와 결부된 많은 것을 얻었다.

하지만 이제 상황이 완전히 달라졌다. 여느 교회들처럼 우리 교회도 팬데믹의 직격탄을 맞았다. 우리의 도시와 나라는 선거와 시위와 폭동으로 격동의 시기를 보내고 있었다. 정치와 인종을 둘러싼 긴장은 깊은 갈등을 낳았고 이로 인해 가족과 교회 안에 심한 분열이 찾아왔다. 나는 여전히 예수님을 따르는 것의 의미를 설교했지만 이번에는 찬사가 쏟아지지 않았다. 대신 인격 모독과 비방이 날아왔다. 하나님과 그분 말씀을 향한 나의 사랑이 의심받았다. 나는 지쳤고 견딜 수 없이 괴로웠다.

해리는 소문을 듣고 뉴스를 봐서 이 모든 상황을 알고 있었다. 또한 교회 안에 분열을 겪고 있는 전국의 많은 목회자와 대화를 나눈 덕분에 우리 교회만 그런 것이 아니라는 사실도 알고 있었다.

"목사님은 대형 교회의 안정적인 자리에서 좋은 평판을 누리고 있습니다. 이 모든 것을 걸고 위험을 감수할 수 있겠습니까?"

잠시 침묵이 흘렀다. 해리는 고개를 옆으로 돌리고서 한 친구 목사에 관한 이야기를 하기 시작했다. 그 목사는 오래

전 교회에서 큰 난관에 부딪쳤다. 많은 교인이 '이것'은 너무 과하고 '저것'은 너무 부족하다며 그를 비난했다. 결국 그 목사는 치명적인 결정을 내렸다. 해리의 말에 따르면 "그는 하나님께 대한 충성보다 사람들의 박수갈채가 더 중요하다는 결론을 내리고 말"았습니다. 그래서 그 목사는 비판을 피하기 위해 목회의 방향을 틀었다. 사람들의 비위를 맞추고 자신의 평판을 유지하면서 교회 내의 자리를 지키기 위한 쪽으로 모든 노력을 기울이기 시작했다.

"그 방법은 통했죠. 그 목사는 쫓겨나지 않을 수 있었습니다. 교인들은 만족스러워 했어요. 하지만!" 해리의 말은 계속되었다. "결국 그는 목회에서, 더 중요하게는 삶에서, 대체할 수 없는 무언가를 잃고 말았습니다. 그는 내면 깊은 곳의 확신이 요구하는 대가를 치를 용기가 없었습니다."

해리는 다시 나를 응시하면서 부드럽게 말했다. "목사님, 꿋꿋이 버티세요. 포기하지 마세요."

그는 잠시 말을 멈추었다가 나를 위해 기도해 주고 싶다고 말했다.

"감사합니다." 나는 조용히 고개를 끄덕였다.

우리는 고개를 숙였고, 해리는 내게 옳은 길로 꿋꿋이 나아갈 용기를 달라고 기도했다. 하나님의 도우심으로 교회를 사랑하고 사람들을 예수님께로 인도할 은혜를 달라고 기도했다.

▦

내가 이 책을 쓰고 있는 것은 해리의 말이 나만을 위한 것이 아니라고 믿기 때문이다. 요즘 낙심하고 좌절하고 지친 예수님의 제자들은 나만이 아니다. 이 나라의 중심지에서 보니 사방이 아우성이다. 교회 안에서 영적, 감정적, 관계적, 심지어 육체적 상처를 경험한 사람들, 냉랭해진 가족들, 서먹해진 친구들, 편을 나눠 서로 원수처럼 다투는 장로들, 파벌들이 서로 빼앗고 뺏기는 교단들, 실망감에 신앙을 떠나는 수많은 청년, 대학생, 십대들…. 그런데 이 점을 알아야 한다. 이것은 세상을 위한 예수님의 메시지나 하나님의 구원하는 은혜와 전혀 상관이 없다.

교회 안은 엉망진창이 되었다. 나는 교회에 환멸을 느끼거나 교회에서 상처를 받은 크리스천들이 수두룩하다는 사실을 직접 봐서도 알고 전해 들어서도 안다. 많은 사람이 교회, 나아가 예수님에 관해 의문을 품고 있다. 내 삶에 어두움이 찾아오면, 나도 그럴 때가 종종 있다.

이 순간까지 오는 여정은 각자 다르다. 하지만 우리 모두는 사회적, 정치적, 영적, 개인적 위기가 한꺼번에 몰아친 역사적인 위기에 처해 있다. 우리는 교회의 정치 알력에 환멸을 느꼈다. 혹은 연민이 없는 교회의 모습에 등을 돌렸다. 우리는 교회 리더들의 스캔들을 목격했다. 심지어 그들의 성폭력을 보았다. 기득권들의 자기 보호와 권력자들의 이권이 연약한 자들을 위한 연민보다 우선하는 모습을 목격했다. 인터넷에서 끝없는 비방의 글을 보았고, 소셜미디어에서 신앙인들 사이의 공격에 지쳤다. 이 모든 상황 속에서 우리는 교만, 이기주의, 권력욕의 바이러스가 우리나라만이 아니라 우리 교회를 감염시키는 모습을 보았다.

이러한 소용돌이에 문화적 기독교(Cultural Christianity, 기독교 문화에 자신의 정체성과 배경을 두는 것) 즉 명목상 기독교에 존재해 왔던 냉담함과 현실 안주가 더해져 많은 이들은 주일 아침마다 '예수님은 다를 줄 알았는데. 교회는 다를 줄 알았건만'이라며 고개를 갸웃거린다.

그런데 나는 "분명 다르다"라고 말하기 위해 이 책을 쓰고 있다. 진짜 예수님과 교회는 지금 우리가 보는 세상과 전혀 다르다. 우리는 그런 교회를 경험할 수 있다. 그런 예수님을 경험할 수 있다. 예수님의 놀라운 경이로움과 그분의 교회가 보여 주는, 세상과 다른 아름다움을 경험할 수 있다. 하지만 그렇게 되려면 무언가가 달라져야 한다. '저 사람들'이 아니라 먼저 '당신과 내 안에서' 무언가가 달려져야 한다.

이 절박감은 이 책의 제목으로 이어졌다. 앞서 말했듯이 십 년 전 나는 크리스천들이 성공 신화(아메리칸 드림)로부터 신앙을 되찾아야 한다는 내용의 책을 썼다. 하지만 세월이 흘러 이 나라의 수도로 거처를 옮긴 뒤 미국 교회의 건강하지 못한 모습을 더 가까이서 지켜보고 나니 분명한 결론에 도달했다. 문제는 우리의 삶을 사로잡은 '아메리칸 드림'(American dream)만이 아니라 우리의 마음을 앗아 간 '아메리칸 복음'(American gospel, 이후에 때에 따라 '거짓 복음'으로도 병행해 사용하려 한다-편집자 주)이었다.

'아메리칸 복음'이란 무엇일까? 너무도 오랫동안 우리는 이 세상의 그 어떤 것보다도 예수님을 높이는 성경적인 복음을 버리고, 그 자리를 안위와 권력과 정치와 번영을 위해 예수님을 이용하는 아메리칸 복음과 맞바꿔 왔다. 아메리칸 복음은 아메리칸 드림에 기독교의 색깔만 입힌 거짓 복음이었다. 증거는 도처에 깔려 있다. 크리스천들은 예수님의 영광을 중심으로 연합하려고 애쓰기보다는 개인적인 신념과 정치적인 신념이라는 우상 앞에서 너무도 쉽게 분열된다. 크리스천들은 예수님이 교회를 통해 가능하게 하신 다인종의 아름다움을 즐기기보다는 여전히 피부색 때문에 분열되어 있다. 하나님의 말씀을 영적 광야에서 목마른 친구들을 위한 물로 사용하기보다는 문화 전쟁에서 적을 향해 휘두르는 무기처럼 사용하고 있다. 우주의 공의로운 통치자를 따른다고 말하면서도 주변에 가득한 불의를 모른 체하고, 복음을 열방에 전하라는 예수님의 명령을 사실상 무시한 채 자기 나라의 위대함을 높이는 일에만 몰두하고 있다.

다시 말해, 오늘날 우리가 교회 안에서 경험하고 있는 깊은 낙심과 환멸과 상처와 의심과 분열은 우리의 마음속에서 거짓 복음을 받아들인 결과이다. 하지만 진정한 복음으로 돌아가기 위한 겸손과 용기가 있다면 예수님을 따라 다른 미래로 갈 수 있다.

그 미래는 '서로' 싸우는 것이 아니라 '서로를 위해' 싸우는 미래이며 우리는 그런 미래로 나아갈 수 있다. 진정한 복음은 적대감의 벽을 세상과 다른 차원의 연합으로 바꿔 놓는다는 사실을 깨달을 때 우리는 서로를 그리스도 안의 형제자매로 여기는 미래로 갈 수 있다.

교회 안에서 수세기 동안 이어져 온 인종 차별의 물줄기를 바꾸어 아름다우신 예수님에게서 정체성을 찾는 미래로 향할 수 있다.

(받아들이기 어려운 부분들까지 포함한) 하나님의 모든 말씀을 절대적으로 믿으면서도 (의견이 다른 사람들까지 포함한) 주변 모든 사람을 연민으로 사랑하는 미래로 걸어갈 수 있다.

정의에 관해 논쟁만 하지 않고 실제로 정의를 실천하는 미래로 향할 수 있다.

열국이 예수님을 누리고 높이도록 만드는 일에서 우리 모두 각자의 역할을 하는 미래로 발맞추어 갈 수 있다.

궁극적으로는 진정한 복음의 목표요 선물이며 상이 하나님 자신이라는 사실을 우리가 새롭게 혹은 처음으로 깨닫는 미래이다. 우리의 영혼이 갈망하는 모든 것을 하나님 안에서 찾는 미래로 나갈 수 있다.

물론 아메리칸 복음을 문제로 본다고 해서 하나님이 미국에 주신 은혜에 감사할 줄 몰라하면 곤란하다. 우리 교회에는 지금 우리가 누리는 자유와 기회를 지키고 확장시키기 위해 서로 힘을 합쳐 말할 수 없는 희생을 감내한 남녀가 가득하다. 우리 교회에는 이런 자유와 기회가 존재하지 않는 나라에서 온 이민자 가족들도 가득하다. 이 책에서 이들에 관한 이야기를 만나게 될 것이다. 이들 모두에게 깊이 감사한다. 무엇보다도, 예수 그리스도의 복음을 실천하고 전할 자유를 주는 이 나라에 깊이 감사한다. 단지 이 책은 아무리 큰 축복을 받았다 하더라도 언젠가 무너질 수밖에 없는 이 땅의 우상들을 손에서 놓고 영원토록 다스리실 왕의 복음을 굳게 부여잡기 위한 길을 보여 주려는 시도이다.

내가 모든 답을 손에 쥐고 있다고 주장할 생각은 전혀 없다. 내 마음이 내가 기술하려는 거짓 복음에서 완전히 자유롭다고 말할 수도 없다. 나 역시 여행 중이다. 그래서 나는 많은 것을 모르지만 앞에 놓인 길이 매우 위험하다는 것만큼은 확실히 안다. 하지만 물러서고 싶지 않다. 예수님과 그분의 교회가 제시하는 것은 아메리칸 복음이 만들어 내고 있는 것과 전혀 다르다고 확신하기 때문이다. 나는 당신을 비롯한 수많은 사람들과 함께 그분을 온전하게 경험하고 누리고 싶다.

# DON'T
# HOLD
# BACK

**PART 1**

나의 복음을 깨뜨리고
예수 복음으로,
물러서지 말라

1

적대감에서 사랑의 연합으로

# '서로' 싸우는 것이 아니라
# '서로를 위해' 싸우라

하나님이 나를 아버지가 되게 하실 줄은 상상도 못했다. 다른 곳에서 여러 번 말했듯이 아내와 나는 오랫동안 불임으로 고통스러운 시간을 보냈다. 결국 우리는 생물학적으로 자녀를 얻을 수 없다는 판단을 내렸다.

하지만 가족을 이루라는 소명을 받았다고 믿었기에 카자흐스탄에서 첫째 아들 케일럽(Caleb)을 입양했다. 그 아이의 손을 잡고 집에 돌아온 지 2주째에, 놀랍게도 아내가 임신이라는 사실을 알았다. 아홉 달 뒤에 내가 수년간 기도해 왔던 아이인 조슈아(Joshua)를 품에 안는 순간, 시간이 멈춘 것만 같았다. 문득 하나님이 내가 꿈도 꾸지 못한 방식으로 우리 가족을 이루고 계신다는 것을 깨달았다. 3년 후 우리가 중국에서 딸 매러(Mara)를 입양하면서 우리 가족은 더욱 확장되었다. 그로부터 3개월 뒤 놀랍게도 아내는 다시 임신을 했다. 그리고 우리의 네 번째 아이 아이제이어(Isaiah)가 태어났다. 우리 가족은 여섯 명이 되었다.

몇 년 뒤 아내와의 저녁 데이트에서 다시 입양 이야기가 나왔다. 나도 아내도 입양에 관한 대화를 또 하게 될 줄 꿈에도 몰랐다. 하지만 그날 밤 음식점에서 계산을 마칠 즈음, 우리는 하나님이 다시 우리를 입양으로 이끌고 계신다는 확신을 얻었다. 우리의 얼굴은 환히 웃는 가운데서도 눈물로 범벅이 되었다.

어느 날 아내와 나는 각자 하나님과 단 둘이 시간을 보내면서 시편 127편을 읽던 중에 둘 다 특별히 갓난아기를 입양하라는 하나님의 부르심을 느꼈다. 그래서 우리는 또 다른 입양 과정을 밟기 시작했고, 몇 달 뒤 곧 여자아이를 출산 예정이며 입양을 원하는 한 산모에 관한 정보를 얻게 되었다. 이 생모는 이미 딸의 이름을 지어 놓은 상태였다. 아내와 나는 하나님이 또 다른 딸을 주시면 머시(Mercy)로 이름을 짓고 싶다고 늘 말해 왔기 때문에 조금은 실망했다. 하지만 그것이 이 아이를 입양하지 않을 이유는 되지 못했다. 그래서 이 생모를 만났는데 글쎄 그녀가 아이의 이름을 무엇이라고 지었는지 아는가?

바로, '머시'였다!

이 예쁜 여자아이는 생후 이틀 만에 우리에게 맡겨졌고, 이 책의 집필이 끝난 지금 공식적으로 머시 플랫(Mercy Platt)

이 되었다.

온 가족이 저녁 식탁에 둘러앉을 때면 가슴이 벅차올라 "이런 가족을 이루게 될 줄은 꿈에도 몰랐어!"라는 말이 절로 나온다. 하나님이 그려 주신 이 가족의 그림을 나는 상상도 하지 못했다.

하지만 이 책의 포문을 여는 지금, 당신에게 이보다 훨씬 더 크고, 무한히 더 놀랍고도 아름다운 가족 즉 하나님의 가족을 보여 주기를 원한다. 그것은 얼굴 생김새와 피부색이 전혀 다른 형제자매들로 이루어진 가족이다. 저마다 생각이 다르고, 각자 다른 사회규범에 따라 살아왔으며, 각자 다른 배경과 나라에서 왔다. 아이오와주 꿈의 구장에서든 탄자니아 세렝게티 평원에서든 아니 세계 어디에서든 이렇게 모인 가족을 보면 이런 생각이 들 것이다. '이렇게 철저히 다른 사람들이 공통점이 있단 말인가?'

당신이 이들과 함께 저녁 식탁에 둘러앉아 있다고 상상해 보라. 국민 대다수가 이슬람교도인 나라에서 와서 최근 이 나라의 시민이 된 신자의 얼굴을 보라. 그 옆자리에는 인종 차별 철폐를 외치는 검은 얼굴의 오순절파 교회 신자가 앉아 있다. 그 옆에는 군에서 제대한 뒤 경찰관으로 일하는 침례교인과 변호사로 일하는 보수적인 장로교인이 나란히 앉아 있다. 그 옆에는 공유 주택에서 생활하는 26세의 사회 운동가가 중앙아메리카에서 막 들어온 크리스천 불법체류자와 나란히 앉아 있다. 이 불법체류자는 플로리다주 중부에서 온 글로벌기업인 페이스북 그룹 임원에게 식탁에서 감자를 건네고 있다. 이 모든 사람이 어떻게 한자리에 모일 수 있었을까?

답은 이들이 공통적으로 가질 수 있는 가장 중요한 것에 있다. 이들 모두는 같은 하늘 아버지를 두고 있다. 이들은 모두 복음을 통해 하나님께 입양되었다. 그분의 아들딸로서 그분의 가족으로 환영을 받았다. 이들을 향한 그분의 놀라운 사랑으로부터 서로에게 놀라운 사랑을 보여 줄 수 있는 초자연적인 능력이 흘러나온다.

이 가족을 교회라 부른다. 당신이 예수님의 제자라면 당신도 이 가족의 일원이다. 당신도 같은 식탁에 앉아 있다. 지금 이생에서만 이 가족의 일원이 아니다. 당신과 나는 영원토록 하나님 가족의 일원으로 살아갈 것이다.

하지만 영원한 나라에 이르기 전, 지금 우리는 중요한 가족 대화를 나누어야 한다. 이 대화는 힘들지만 꼭 해야만 한다.

자, 준비되었는가?

우리 교회 가족은 아픈 상태이다. 특히 미국에 둥지를 틀고 있는 가족들이 심하게 아프다.

우리는 식탁에서 함께하는 자리를 즐기며 서로를 격려하고 말과 행동으로 서로를 사랑하는 대신, 툭하면 서로를 비난하고 깔보고 배척하고 불신하는 문화적 풍토에 갇혀 있다. 너무도 많은 형제자매들이 분열을 넘어 서로 상처를 주고받고 있다. 너무도 많은 이들이 실망감과 상처를 안고 식탁을 떠나고 있다.

하지만 형제자매들이여, 우리가 서로 잘 지내야 하지 않는가? 우리가 말할 수 없이 좋으신 아버지 앞에서 말할 수 없이 화목한 가족이 되어야 하지 않는가?

## 예수님이 원하시는 연합

예수님은 연합의 대가이시다. 그분은 이 점을 증명해 보이기 위해 성격이 서로 완전히 딴판인 사람들을 한 무리로 묶으셨다. 즉 노동자 계층인 못 배운 어부들을 부르실 뿐 아니라 애국에는 일체 관심도 없어 로마 압제자들에게 세금을 걷어 바친 부유한 세리들도 부르셨다. 그런가 하면 스펙트럼의 정반대 끝에서 종종 군사적으로 반정부 운동을 벌였던 열성 당원 시몬도 부르셨다. 정치적인 성향이 완전히 달랐던 사람들이 함께 생활했다는 것이 상상이 가는가.

분명 쉽지 않았을 것이다. 하지만 그들은 해냈다. 서로를 참아 주는 법을 배웠다. 서로에게 목숨을 내어 주는 법을 배웠다. 바로 이런 연합이 예수님이 그들에게 원하셨던 것이다. 연합은 그들의 미래를 위한 그분의 비전이었다. 실제로 그분은 그들을 위해 돌아가시기 전 마지막 기도에서 그들이 하나가 되어 그분의 사랑에 관한 초자연적인 그림을 세상에 보여 주게 해달라고 기도하셨다(요 17:20-26).

결국 그들은 그렇게 되었다. 그들이 세운 교회의 새로운 신자들은 날이 갈수록 다양해졌다. 남자와 여자, 부자와 가난한 자, 젊은이와 노인, 노예와 자유인, 히브리인과 헬라인이 한데 어우러졌다. 이방인들이 몰려오기 시작하자 유대인들은 그들을 미워했다. 하지만 유대인 제자들이 진정으로 예수님을 만나자마자 모든 것이 변했다. 태생이 유대인이고 스스로 바리새인 중에 바리새인이라고 자부했던 바울은 한때 증오했던 사람들을 사랑해 주는 일에 평생을 보내고 그들을 위해 기꺼이 목숨을 내놓았다.

결국 유대인과 부유한 로마인과 온갖 이교도 문화에서 온 가난한 이방인들이 하나님의 가족 안에서 하나가 되었다. 예수님은 그들이 하나되기를 위해 기도하셨고, 그들은 결국 그렇게 되었다. 그 결과, 복음이 전 세계로 퍼져 나갔다. 이것이 오늘날 당신과 내가 하나님의 가족 안에 있는 이유이다. 우리가 앞서간 그들의 본을 따른다면, 연합을 위한 예수님의 기도대로 한다면, 다음 세대에 복음을 전해 주는 일에 한몫하게 될 것이다.

연합을 위한 예수님의 기도에도 불구하고 우리는 그분의 가족을 적들로 편 가르기 위한 온갖 종류의 이유를 찾아왔다. 그로 인한 감정적, 영적 폐해는 실로 엄청나다. 우리가 피부색에 따라 어떻게 여러 교회로 분열되었는지는 뒤에서 더 자세히 이야기할 것이다. 하지만 우리는 단순히 피부색으로만 분열되어 있지 않다. 정치적으로도 분열되어 있다. 여론 조사는 정치적 입장이 다른 교인들과 한 교회에 다니는 사람이 극소수라는 점을 보여 준다.[1] 우리는 영적 은사, 종말의 시점, 세례 방식, 교회 리더십 같은 신학적 이슈로 분열되어 있다. 교회 음악, 예배 시간의 길이, 교회 장식 등 온갖 형식적인 취향으로도 분열되어 있다.

물론 이런 것에 대해서 다른 의견들을 품는 것은 나쁜 것이 아니다. 모든 크리스천이 내가 목회하는 우리 교회만 찾아 오기를 기대하지 않는다. 나는 우리 지역에서 (나아가 전국에서) 다른 신념에 따라 다르게 목회하는 교회라 하더라도 복음을 선포하고 성경을 믿는 교회라면 얼마든지 응원한다. 그 교회들이 더 많은 사람을 전도하기를 바란다. 같은 교회에 다니지 않는다고 해서 그리스도 안에서 연합할 수 없는 것은 아니다.

성경에서 보는 것처럼 우리와 매우 다른 사람들과 서로 사랑하며 깊고도 진정한 교제를 누릴 길이 있는가? 나는 그렇다고 믿는다. 다른 교회에 다니고 정치적 입장이 다른 교인들에게도 초자연적인 사랑을 보여 줄 길이 있다. 각 교회 안에서, 각 국가의 교회들 사이에서, 전 세계적인 그리스도의 몸 전체 안에서 이런 사랑의 연합을 이룰 길이 있다.

그 길은 누가 우리를 연합시키는지, 그리고 서로 나뉠 수 있는 이유와 나뉠 수 없는 이유가 무엇인지를 이해하는 데서 출발한다.

## 세 개의 통

세 개의 통을 머릿속에 그려 보라. 첫 번째 통은 분명한 성경적 신념과 관행이다. 이것은 예수님의 모든 제자를 연합시키는 통이다. 이 통에는 복음이 담겨 있다. 복음을 요약하자면 다음과 같다.

"복음은 공의롭고 은혜로우신 우주의 창조주께서 절망적으로 악한 사람들을 보시고 육신을 입으신 하나님인 아들 예수님을 보내 십자가에서 그 죄의 심판을 받게 하시고 그분의 부활을 통해 죄를 이기는 능력을 보여 주신 덕분에 어느 나라의 누구든지 죄와 자기 자신에게서 돌아서서 예수님을 구주로 믿으면 죄를 용서받고 하나님과의 관계를 회복하여 그분과 영원토록 살 수 있다는 복된 소식이다."

첫 번째 통에는 하나님 말씀의 권위, 무오성, 충족성도 들어 있다. 그 말씀 안에 있는 분명하고도 직접적인 진리와 명령들도 들어 있다. 뒤에서 자세히 탐구하겠지만 성경은 우리가 그리스도의 제자로서 무엇을 믿고 어떻게 살아갈지를 결정하는 가장 중요하고도 충분한 기초이다.

크리스천들은 첫 번째 통에 포함된 신념과 관행에서 불신자들과 분명히 나뉜다. 예를 들어, 예수님이 하나님이 아니라거나 구원이 은혜로 받는 것이 아니라거나 예수님이 십자가에서 돌아가셨다가 부활하시지 않았다고 말하는 사람이 있다면, 그 사람을 사랑하고 돌봐야 하지만 그와 함께 교회를 이루어 예배할 수는 없다. 이유는 간단하다. 그는 우리와 같은 하나님을 예배하거나 같은 복음을 믿지 않기 때문이다.

마찬가지로 성경의 권위와 충족성(sufficiency)을 부정하는 사람이 있다면 그는 예수님의 제자가 아니기 때문에 우리의 신앙 안에서 그와 연합할 수는 없다. 다만 그를 불신자로서 사랑하고 그를 예수님께로 이끌기 위해 우리 자신을 내어 주어야 한다.

세 개의 통 중에서 두 번째 통에는 지교회 안에서 예수님의 제자들을 연합시키는 신념과 관행이 들어 있다. 이 통에는 교회마다 의견이 다른 것들이 포함된다. 지교회들은 주로 이 두 번째 통에 포함된 신념과 관행에 따라 여러 교단으로 나뉜다. 그럼에도 모든 교회는 복음 전파를 위해 다른 교단의 교회들과 협력한다. 예를 들어, 어느 교회는 아기에게 세례를 베풀어야 한다고 믿고 다른 교회는 그리스도를 믿는 신자 본인에게만 세례를 베풀어야 한다고 믿을 수 있다. 어느 교회는 남녀 상관없이 목사가 될 수 있는 것이 성경적이라고 믿는 반면, 다른 교회는 성경에 따르면 오직 남자만 목사가 될 수 있다고 믿을 수 있다. 또 어느 교회는 하나님이 오늘날에도 여전히 예언이나 방언이나 치유의 영적 은사를 주신다고 믿는 반면, 다른 교회는 그런 은사가 과거에서처럼 오늘날에는 나타나지 않는다고 믿을 수 있다. 크리스천들은 두 번째 통의 신념과 관행에 따라 각기 다른 교회로 나뉘지만, 어디에 있든 예수님의 제자로서 서로를 응원하고 복음 전파를 위해 손을 잡으며 연합할 수 있다.

세 번째 통에는 같은 교회 안에서도 교인들끼리 다를 수 있는 신념과 관행이 포함된다. 한 교회 안에서 교인들이 세례, 영적 은사, 교회 리더십에 관해서는 의견을 같이 하지만 언제 종말이 시작될지에 관해서는 의견을 달리할 수 있다. 정치적 선택을 비롯해서 다양한 개인적 신념은 다를 수 있다. 대개 교인들은 이런 문제에서는 각자 다른 입장을 고수하더라도 입장이 같은 교인들끼리 나가서 따로 교회를 세우거나 하지는 않는다.


## 통을 혼동하다

교회 연합의 문제점들은 이 통들을 혼동하여 우리와 다른 사람들을 사랑하지 않게 된 것이다. 예를 들어 보겠다.

최근 미국 대선 기간 중에 몇몇 크리스천들 심지어 교회 리더들이 "아무개를 뽑지 않으면 크리스천이라고 말할 수 없다"라고 말하는 것을 많이 들었다. 다른 진영의 크리스천들 역시 이 문장의 처음에 '아무개' 대신에 그들이 지지하는 후보자 이름을 넣었다. 이러한 대립은 대선 후보 선택을 첫 번째 통의 범주로 혼동해서 빚어진 일이다. 그렇게 되면 필연적으로 서로 다른 후보에게 투표했다는 이유로 서로의 신앙을 의심하는 일이 벌어진다. 하지만 누가 대통령이 되어야 할지에 관한 입장은 결코 복음의 핵심이나 성경의 권위에 관한 확신만큼 중요하지 않다.

2020년 대선 기간에 나도 모르게 논란이 될 만한 발언을 하고 말았다. "교회로서 우리는 대선 후보 선택 때문에 분열되지 않을 것입니다. 이 문제로 우리가 갈라서야 한다고 생각하는 분은 이 교회와 맞지 않을지도 모르겠습니다. 부디 맞는 교회를 찾아가시길 바랍니다. 그리스도 안에서의 형제자매로 축복하면서 보내 드리겠습니다. 부디 복음을 선포하고 성경을 믿는 교회에 가서서 계속해서 더 많은 사람들을 예수님께로 인도하시길 바랍니다."[2] 다시 말해, 우리는 대선 후보 선택을 세 번째 통에 넣기로 결정했다. 그런 이슈에 관해서 서로 의견은 다를 수 있지만 그것 때문에 우리가 나뉘어서는 안 된다. 그리고 혹시 궁금해할 것 같아 말하자면, 우리 교인들은 누구에게 투표할지에 관해서 '치열한' 논쟁을 벌이면서도 여전히 교회로서 똘똘 뭉쳐 있다.

우리 교회 가족은 다양한 색깔이 어우러진 다민족 교회이다. 수백 개 이상의 나라에서 온 사람들이 한데 어우러져 있다. 우리 교인들을 둘러볼 때마다 세 번째 통의 이슈들에서 연합하기는 힘들다는 사실을 절감한다. 하지만 괜찮다. 아니, 그래서 좋다. 물론 내가 믿거나 선호하는 것을 모든 사람이 믿고 선호하면 목회가 훨씬 더 쉬울지도 모른다. 하지만 내가 항상 옳은 것은 아니며, 내 취향이 가장 중요한 것도 아니다. 예수님을 사랑하고 성령님을 믿지만 때로 나와 다른 결론을 내리거나 나와 다른 것을 원하는 형제자매들을 내 삶 속에 보내주신 하나님께 감사한다. 그들은 나를 성장시키고 다듬고 겸손하게 만든다. 예수님을 더 닮아 가게 만든다.

그리스도의 교회 전체에서도 마찬가지다. 나는 두 번째 통의 이슈에서 나와 다른 타교회의 형제자매들과 어울리기를 좋아한다. 나는 두 번째 이슈에서 신학적으로 다른 입장을 보이는 사람들과 관계를 맺거나 그들이 모인 콘퍼런스에서 메시지를 전한다는 이유로 자주 비판을 받는다. 하지만 복음 안에서 그리스도의 몸 전체와 누리는 우정과 협력이 없는 내 삶은 상상조차 할 수 없다. 나는 다른 형제자매들에게서(특별히 나와 신념이 다른 형제자매들에게서) 많은 것을 배우고 있다.

사실, 이 책을 쓰고 있는 지금 나는 두 번째 통의 이슈에서 나와 의견이 전혀 다른 두 신자와 함께 여러 행사에서 메시지를 전하는 일정을 막 마친 상태이다. 그동안 우리는 자주 어울렸다. 그들과 함께 식탁에 둘러앉아 음식을 나누고 예배하고 기도하고 성경을 공부하고 예수님의 이름으로 사람들을 섬기는 시간이 너무도 즐거웠다. 그리스도 안에서 나는 그들에게 큰 도전과 격려를 받았다.

우리가 각 교회 안에서 세 번째 통의 이슈에서 의견이 다른 신자들, 교회 전체에서 두 번째 통의 이유에서 의견이 다른 신자들을 존중하고 사랑하지 않는다면, 그리스도의 몸이 가진 세상 문화를 거스르는 카운터 컬처(countercultutal, 반문화적)의 아름다움을 잃을 수밖에 없다. 개인적인 신념을 고수하면서도 예수님이 복음을 통해 가능하게 해주신 독특하고도 초월적인 연합을 잃지 말아야 한다.


## 육식주의자와 채식주의자

다행히 교회사 속에서 방향을 찾을 수 있다. 전에도 하나님은 연합을 이루지 못하고 갈등에 휩싸인 예수님의 제자들에게 방향을 알려 주신 적이 있다. 로마서는 바울이 먹는 음식에서 지키는 절기까지 온갖 것에 관해 서로 의견을 달리하는 제자들의 교회에 쓴 편지이다. 어떤 이들은 "고기를 먹어도 괜찮다"라고 말한 반면, 다른 이들은 "우리 모두는 채식주의자가 되어야 한다"라고 말했다. 특정한 절기들에 대해 이견을 제시한 이들도 있었다. 저마다 두 번째와 세 번째 통의 이슈들에 모두가 같은 신념을 품어야 한다고 생각하는 바람에 분열이 심각해져 있었다.

어떻게 해야 연합을 유지할 수 있을까? 바울은 육식주의자들과 채식주의자들이 각자 따로 교회를 세우라는 처방을 제시하지 않았다. 그렇게 하면 더 쉬웠을지 모른다. 미국의 수도에 있는 우리 교회도 정치적 견해를 비롯한 온갖 개인적인 신념에 따라 뿔뿔이 흩어지는 편이 훨씬 쉬울 것이다. 하지만 바울은 예수님을 중심으로 연합하라고 권면한다. 그는 로마 교회에 보낸 편지에서 이렇게 말한다. "하나님이 너희로 그리스도 예수를 본받아 서로 뜻이 같게 하여 주사 한마음과 한 입으로 하나님 곧 우리 주 예수 그리스도의 아버지께 영광을 돌리게 하려 하노라"(롬 15:5-6).

어떻게 하면 이럴 수 있을까? 예수님께 초점을 맞추고 우리가 어떤 통을 다루고 있는 것인지 잘 분별해야 한다.

바울은 로마 교인들에게 이런 문제가 특히 개인적인 차원에서는 중요하지만 크리스천이냐 혹은 같은 교회에 속할 수 있느냐를 결정하는 요소는 될 수 없다고 말한다. 육식을 해도 크리스천이 될 수 있고 채식을 해도 크리스천이 될 수 있다. 그리고 두 부류가 같은 교회에 속해서 함께 신앙생활을 하는 것이 가능하다(아니, 좋다). 사도 바울은 무엇이 예수님께 가장 영광이 되는지에 관해서 모든 사람이 각자의 양심을 따르되 그런 문제에서 다른 신념을 품은 이들을 사랑하라고 권면한다. 로마서 14장 5-8절에 기록된 바울의 권면을 유심히 읽어 보라.

> "어떤 사람은 이 날을 저 날보다 낫게 여기고 어떤 사람은 모든 날을 같게 여기나니 각각 자기 마음으로 확정할지니라 날을 중히 여기는 자도 주를 위하여 중히 여기고 먹는 자도 주를 위하여 먹으니 이는 하나님께 감사함이요 먹지 않는 자도 주를 위하여 먹지 아니하며 하나님께 감사하느니라 우리 중에 누구든지 자기를 위하여 사는 자가 없고 자기를 위하여 죽는 자도 없도다 우리가 살아도 주를 위하여 살고 죽어도 주를 위하여 죽나니 그러므로 사나 죽으나 우리가 주의 것이로다."

다시 말해, 나름의 의견을 품어도 되는 문제에서는 각 성도가 예수님께 가장 영광이 되는 길을 각자 판단해서 행해도 좋다.

하지만 좀 더 자세히 살펴보자. 이 구절에서 정말로 흥미로운 점이 무엇인지 아는가? 바울은 다른 신자들과 의견이 다를 때도 예수님께 가장 영광이 되는 길에 관해 각자 강한 신념을 품어도 좋다고 말한다. 이는 언뜻 납득이 잘 안되는 반직관적인(counter intuitive) 말처럼 들린다. 로마 교회의 목표가 연합이었다면 "의견이 분분한 이슈들에 관해서는 강한 신념을 품지 마라"라고 명령해야 옳은 것 아닌가? 하지만 바울은 정반대로 말한다. "각자 자기 마음으로 확증할지니라."

각자 확증해도 좋다. 이것은 굉장히 높은 기준이다. 하나님은 무엇이 그분께 가장 영광이 되는지에 관해서 스스로 확신하라고 명령하신다. 특정한 음식을 절제하는 것이 그분께 가장 영광이 된다고 확신한다면 그렇게 하라. 특정한 음식을 먹는 것이 그분께 가장 영광이 된다고 확신한다면 그렇게 하라. 이렇게 하면 문제가 더 악화될 것 같지만, 우리가 하나님 말씀의 나머지 부분을 충실히 따른다면 전혀 문제되지 않는다.

우리가 서로 이견을 품어도 되는 문제들에 대해서는 서로 의견이 다르더라도 서로를 형제애로 사랑해야 한다(롬 12:10). 서로를 받아 주고, 단순히 비본질적인 문제에서 의견이 다르다는 이유로 서로에게 비성경적인 비판을 가하지 말아야 한다. 왜냐하면 우리는 서로에게 "사랑으로 행"해야 하기 때문이다(롬 14:1-3, 15).

사랑으로 행하는 것이 실제로 무슨 의미인가? 최소한 서로를 이해하기 위해 서로의 말에 귀를 기울여 주어야 한다. 야고보서 1장 19절에 따르면 듣기는 빨리 하고 말하기와 노하기는 더디게 해야 한다. 형제자매의 눈을 보며 사랑 안에서 귀를 기울여 주기보다는 휴대폰의 스크린을 통해 생각과 의견을 나누는 오늘날의 문화 속에서는 이 명령이 특히 더 중요하다. 야보고서 1장 19절을 현대식으로 옮기면 "글을 올리거나 트윗을 하기를 더디 하라"가 되지 않을까 생각된다.

그런데 서로의 말에 진정으로 귀를 기울인다는 것이 서로의 말에 무조건 동의한다는 뜻은 아니다. 이것이 로마서 14-15장의 아름다움 중 하나다. 우리 믿음의 선배들도 서로의 말에 무조건 동의하지 않았다. 하나님은 신념의 차이들을 인정한 뒤에 서로를 참아 주고 기쁘게 해주고 세워 줄 의무가 있다고 말씀하신다. 의견이 불일치하는 와중에서도 서로를 기쁘게 해주고 세워 준다니, 이 얼마나 아름다운 모습인가.

솔직히, 오늘날에는 서로를 헐뜯고 공격하는 일이 비일비재하다. 사방에서 공격이 날아온다. 우리는 생각이 다른 사람들을 악마처럼 취급한다. 우리와 생각이 다르면 무조건 어리석은 것을 믿는 사람으로 취급한다. 먼저 귀를 기울이면서 사려 깊은 대화를 나누기보다는 비난을 수류탄처럼 던진다. 의미 있는 대화를 나누기보다는 인격을 모독하며 조롱한다. 우리는 건강한 토론의 장을 미움과 증오의 전쟁터로 바꿔 놓았다. 그로 인해 우리는 망가지고 분열되어 있다. 하지만 이것은 예수님의 길이 아니다. 우리 아버지께 영광이 되는 길이 아니다.

## 무엇이(누가) 우리를 가족으로 만드는가

일부 크리스천들은 연합을 유지해야 한다는 이유로, 의견이 분분한 문제에 관해서는 토론하지 말아야 한다고 주장한다. 그런 토론은 분열을 심화시킬 뿐이라고 말한다.

하지만 우리를 연합시키는 요인이 아닌 것이 어떻게 우리를 분열시킬 수 있을까?

내가 어느 날 저녁, 가족예배 때 사용했던 사례를 들어보자. 예배 때 나와 아내와 아이들은 각자 좋아하는 아이스크림 맛을 이야기했다. 우리는 각각 특정한 맛을 강하게 선호했다. 그런데 우리가 분열로 이어질까 봐 좋아하는 아이스크림 맛이라는 주제를 피하는 것이 적절할까? 전혀 그렇지 않다. 같은 아이스크림 맛을 좋아해야 가족이 되는 것이 아니기 때문이다.

이와 비슷하게, 예수님의 제자들은 여러 문제에 다른 견해를 가지고 그런 차이에 관해 토론하면서도 연합된 교회로 남을 수 있었다. 물론 성경의 분명하고도 직접적인 가르침 외에 인종과 정치를 비롯한 수만 가지 문제에 관한 우리의 의견이나 신념은 아이스크림에 관한 취향보다 훨씬 더 중요하다. 하지만 그런 의견과 신념은 우리를 가족으로 만들어 주는 요인이 아니다. 바로 예수님이 우리를 가족으로 만들어 주신다. 만약 우리가 이런 의견과 신념 때문에 분열된다면 이는 그 의견과 신념을 예수님보다 더 중요하게 여기는 셈이다.

예수님이 우리를 연합시키는 분이라고 생각한다면 두 번째 통과 세 번째 통의 이슈들 때문에 분열될 수 없다. 예수님 아래서 하나가 되자. 그리고 힘들더라도 모든 문제에 관해 토론하기를 두려워하지 말자. 자칫 의견 차이가 분열로 이어질 수 있는 상황에서 예수님이 우리를 사랑하시듯 서로를 사랑하기 위해 노력하자. 하나님의 말씀과 은혜에 관해 토론할 때 상대방의 시각을 받아들여 우리의 시각을 바꿀 가능성을 열어 두자. 무엇보다도 마음의 치유를 받아 분열에서 벗어나자.

44

우리 교회에서 인종과 정의와 같은 문제에 관해 토론할 길을 마련했을 때 교인들이 보인 반응이 생각난다. 한 아시아계 미국인 자매는 내게 다음과 같은 감사의 편지를 보내 왔다.

> "지난 15년간 대학교에서 인종 관련 주제들을 연구하고 가르쳐 온 사회과학자이다 보니 인종과 인종주의에 관한 대화를 자주 하는 편입니다. 하지만 하나님의 자녀로서 내 정체성의 가장 핵심인 곳인 교회에서는 그런 대화가 드물고, 가끔 그런 대화를 하면 분위기가 어색해지는 것 같아 늘 답답했습니다. 교회에서 그런 대화를 시도하면 분열을 일으키려고 한다는 비난을 듣기 십상이지요. 그래서 우리의 신앙을 인종 정의의 문제와 진정으로 결합할 수 있는 이번 기회가 그렇게 반가울 수 없었습니다."

한 남미계 미국인 형제는 이런 문제에 관한 진정한 토론을 시도할 때마다 제지를 당했지만 우리 교회에서 그런 대화를 나눌 수 있어서 몹시 기뻤다고 말했다. 내가 받은 대부분의 피드백은 어느 백인 교인이 보내 준 다음과 같은 편지와 거의 비슷하다.

"대부분의 크리스천은 민감한 주제에 서로 의견이 다를 때 사랑과 겸손을 바탕으로 진정한 대화를 나누는 기술이 부족한 것 같습니다. 우리 모두가 이 기술을 길러야 한다고 생각합니다. 갈등을 잘 다루고 의견이 다른 사람들과 연합할 수 있는 기술을 기르지 않으면 세상에 그리스도를 제대로 보여 줄 수 없습니다."

정말로 이것은 우리의 삶과 교회 안에서 기를 만한 가치가 있는 기술이다.

미국의 크리스천들과 교회들이 그리스도 안에서의 다른 형제자매들과 한 테이블에 둘러앉아 서로 의견이 다른 주제에 관해서 토론하되, 말씀을 통한 성령의 음성에 귀를 기울이고 연합을 생각하며 토론하면 어떤 일이 벌어질까? 우리가 소셜 미디어를 통해 자신의 의견을 표출하는 것보다 우리와 신념이 다른 사람들과 어울리며 그들의 말에 귀를 기울이는 데 더 많은 시간을 쏟으면 어떤 일이 벌어질까?

## 먼저, 겸손히 귀 기울이라

예수님을 중심으로 연합하고 우리와 다른 사람들의 말에

유심히 귀를 기울이기 위해서는 오늘날 세상에서 보기 드문 무언가가 필요하다. 바로 겸손이다. 세상에 완벽한 사람은 없다. 우리는 모두 부족한 점이 있다. 그렇다면 우리와 신념이 다른 형제자매들의 말에 귀를 기울이고 그들에게서 배워야 할 것이 있는지 겸손히 묻는 것이 현명하지 않을까?

서로에게 진지하고도 겸손한 질문을 던지자. 서로에 관해서 불필요한 가정이나 부당한 결론을 내리지 말자. 상대방을 자기 마음대로 규정하고서 공격하는 습관을 버리자.

혼란스러웠던 지난 몇 년간 나와 의견이 극심하게 충돌했던 두 명의 성도가 생각난다. 나는 그들에게 화가 났고, 그들도 내게 화가 났다. 창피하게도 나는 '감히 이런 것을 믿는 그 사람들'에 대한 분노를 남들에게도 이야기하고 다녔다. 그들의 신념이 틀렸고 내 신념이 옳다고 확신했고, 그런 입장을 남들에게도 설득시키려고 했다.

하지만 언제부터인가 내 안에서 변화가 일어났다. 서로 만나서 깊은 대화를 나누어야 한다는 생각이 들었다. 우리는 그렇게 모였고, 대화를 시작하자마자 내가 그들을 크게 오해했다는 사실을 깨달았다. 여전히 의견이 다른 부분이 있지만 내가 겸손히 귀를 기울이지 않았다는 사실을 깨달았다. 그리고 그들에 관해서 남들에게 이야기한 것이 큰 잘못임을 깨달았다. 나는 사과를 하고 잘못을 바로잡기 위해 최선을 다했다. 내가 그들에 관해 부적절하게 말했던 사람들에게도 일일이 찾아가 오해를 바로잡았다. 그들도 똑같이 했으리라 믿는다.

나는 생각이 다른 사람들을 제대로 알고 받아들이기 위해 노력하지 않을 때가 얼마나 많은지 모른다. 남들이 내게 그렇게 하면 정말 싫다. 그런데도 나는 남들의 생각에 겸손히 귀를 기울이기보다는 섣불리 비난할 때가 너무도 많다. 내가 이런 부분에서 성장하기 위해 하나님의 은혜가 필요하다는 것을 솔직히 인정한다.

물론 겸손하고 솔직한 대화의 한복판에서도 두 번째와 세 번째 통의 이슈에서는 서로 의견이 다를 수 있다. 두 번째 통의 이슈를 다루다가 상대방과 다른 교회에 다니는 편이 최선이라고 결론을 내릴 수도 있다. 하지만 그렇다 해도 우리는 세상과 전혀 다른 방식으로 서로 관계를 누릴 수 있다. 우리 안에 있는 하나님 은혜의 능력을 통해 하나님이 명령하시는 방식으로 서로의 차이점을 받아들이는 법을 배울 수 있다. 즉 사랑, 연민, 인내, 자비, 온유, 친절, 이타적인 마음으로 서로를 받아 줄 수 있다.

이런 식으로 연합을 이루어 내는 것은 쉽지 않다. 아니, 내 경험으로 볼 때 '정말' 힘들다. 세상과 전혀 다른 방식으로 서로를 사랑하기 위해서는 굳은 결단이 필요하다. 특정한 문제들에서 서로 격렬하게 반대하면서도 서로 화목하고 서로를 보호해 주기 위해서는 강한 결단이 필요하다. 하지만 이런 연합은 노력할 만한 가치가 있다. 사방에서 끊임없이 서로를 공격하는 지긋한 세상 속에서 우리는 모두 가족처럼 서로를 위하는 형제자매를 깊이 갈망한다.

## "나는 네 편이야"

고등학교 1학년 때 나는 어느 고등학교 농구 캠프에 초대를 받았다. 캠프장에 도착하자마자 짓궂은 신입생 환영식이 있다는 것을 알게 되었다. 기숙사에서 다른 신입생과 함께 앉아 있는데 한 선배가 난입해서 그 친구를 침대에서 거칠게 끌어내 화장실로 데려가 변기에 친구의 머리를 박고 물을 내렸다. 머리카락이 젖어 엉망이 된 친구는 충격적인 표정을 지으며 돌아왔다.

다음은 내 차례였다.

같은 선배가 내 팔을 잡고 나를 화장실로 끌어가려고 몸을 돌렸다. 그 순간, 다른 선배가 방에 들어와 소리를 질렀다. "멈춰! 저 애는 안 돼!"

"왜?" 나를 잡은 선배가 물었다.

그러자 나중에 들어온 선배가 말했다. "저 애는 스티브 (Steve)의 동생이야."

어릴 적 내게는 비밀 병기가 있었다. 그 병기는 바로 우리 형 스티브였다. 나는 꼬마였지만 우리 형은 거인이었다. 형은 몸집이 컸을 뿐 아니라 그 몸집을 활용하는 법을 알았다. 형은 조지아 주 헤비급 레슬링 챔피언이었다. 결승전에서는 몸무게가 130킬로그램이 넘는 상대편 선수를 들어서 던지기도 했다. 우리 고등학교에서 형은 살아 있는 전설이었다.

나를 붙잡은 선배는 나를 위아래로 훑어보며 말했다. "이런 녀석이 스티브의 동생이라고? 스티브의 왼쪽 다리라면 모를까?"

맞는 말이었다. 당시 내 몸집은 형의 다리 한쪽에 불과했다. 그 선배는 칭찬으로 그런 말을 한 것이 아니었다. 하지만 그날 나는 '스티브의 왼쪽 다리'인 것이 그렇게 자랑스러울 수가 없었다. 나를 괴롭히려던 그 선배가 한숨을 쉬며 나를 잡은 손을 놓고 방을 나갔기 때문이다.

형의 가족이어서 좋았던 것은 그때만이 아니다. 어느 추운 겨울날 나는 할아버지가 사주신 새 옷을 입고 등교했다. 그 옷은 내게 보물과도 같았다. 그런데 수업이 시작될 때 그

옷을 교실 한구석에 두었다가 수업이 끝날 때 찾으러 가 보니 온데간데없이 사라졌다. 누군가가 훔쳐 간 것이었다.

나는 학교로 나를 데리러 오신 아버지에게 그 이야기를 했다. 아버지가 교장 선생님과 이야기를 하기 위해 교장실에 들어가 있는 동안 나는 나무 벤치에 앉아 있었다. 그런데 형이 내가 화가 나 있는 것을 보고 무슨 일인지 물었다. 내가 자초지종을 이야기하자 형은 즉시 "내가 알아볼게"라고 말했다.

아버지가 교장 선생님과 이야기를 나누는 동안 형은 좀도둑 패거리의 우두머리를 찾아갔다. 형은 그를 한쪽으로 데리고 가서 말했다. "내 동생의 옷이 사라졌어. 너는 누가 가져갔는지 알 것 같은데. 내일 아침 일찍 찾아오지 않으면 알아서 해."

이튿날 아침, 교실에 앉아 있다가 문득 창문 밖을 보니 복도를 걸어오는 형이 보였다. 형의 손에 무엇이 들려 있었는지 아는가?

형은 내 책상으로 걸어와 내 옷을 건네며 내 귀에 속삭였다. "야, 무슨 일이 일어나도 형이 네 편이라는 걸 잊지 마."

시계를 몇 년 뒤로 빠르게 돌려보자. 형과 나는 둘 다 결혼을 해서 분가했다. 나는 멀리서 살았지만 형은 계속해서 부모님의 집 근처에서 살았다. 어느 날 형에게서 걸려온 전화를 평생 잊지 못한다. 전화기 반대편에서 형의 목소리가 몹시 떨렸다. 형은 병원에 있었다. 평생 우리의 가장 좋은 친구였던 아버지가 급작스러운 심장마비로 병원에 실려 갔다. 형은 말을 잇지 못하다가 겨우 한 마디를 내뱉었다. "아버지가 돌아가셨어." 우리는 전화기를 붙잡고 함께 울었고, 함께 슬픔을 이겨 내기로 약속했다.

바로 이것이 가족이지 않은가? 가족은 괴롭고 힘든 세상을 함께 살아가는 것이다. 가족은 서로를 붙들어 주고 서로의 편이 되어 주는 것이다. 끊임없이 우리를 무너뜨리는 세상에서 서로를 보호해 주어야 한다.


## 의견이 달라도, 여전히 가족이다

같은 하늘 아버지를 둔 그리스도 안에서의 형제자매들의 눈을 쳐다보며 이렇게 말해 주기를 간절히 원한다.

"당신과 영원한 가족이 된 것이 너무도 기쁘고 놀랍습니다. 내가 당신의 편이라는 사실을 꼭 기억하십시오. 당신은 혼자가 아닙니다. 당신의 형제로서 나는 당신의 편입니다. 우리가 같은 교회에 다니지 않아도, 두 번째 통과 세 번째 통의 문제에서 우리의 의견이 크게 달라도 나는 여전히 당신의 편입니다. 아니, 우리가 각자 다른 교회에 다니면서 의견이 크게 다를수록 내가 당신의 편이라고 꼭 말해 주고 싶습니다. 당신을 진심으로 사랑합니다.”

동시에, 당신도 내 눈을 보며 같은 말을 해주기를 간절히 원한다. 하나님은 우리가 이런 초월적인 가족을 필요로 하고 원하고 경험하도록 설계하셨다. 예수님의 제자로서 우리는 인종, 사회경제적 상황, 정치적 입장, 개인적 취향과 의견을 초월하는 초자연적인 혈통으로 하나로 묶였다.

수많은 차이에도 불구하고 우리는 그리스도 안에서 '한 가족'이다.

우리는 아프리카계 미국인 가족이나 아시아계 미국인 가족, 유럽계 미국인 가족, 남미계 미국인 가족, 북미 원주민 가족이 아니다. 심지어 미국인 가족도 아니다. 서민 가족도 부자 가족도 아니다. 공화당 가족도 민주당 가족도 중도 가족도 아니다. 우리는 크리스천 가족이기 때문에 이런 것은 우리가 서로 나뉘는 근거가 될 수 없다.

우리는 선택된 민족이요 왕 같은 제사장이며 거룩한 나라요 하나님의 소유된 백성이다. 성경적 복음 안에서 심판관이신 하나님은 우리의 죄를 용서하셨고 아버지 하나님은 우리를 아들딸로 입양하셨다. 우리가 이 사실을 깨닫고 늘 기억한다면 교회 안에서만이 아니라 우리의 삶 속에서 절실히 필요한 치유를 경험하게 될 것이다.

**2**

무정함에서 연민의 마음으로

# 성경의 확신에
## 영혼을 향한 연민을 더하라

자정이 훌쩍 지난 시각, 방 하나짜리 진흙집 한가운데서 타오르는 작은 촛불의 유일한 빛이 깜박이며 벽을 비추고 있다.

중앙아시아의 오지 마을에 그리스도 안에서 내 친구이자 가족인 이들이 그 촛불을 둘러싸고 앉아 있다. 그들은 바울이 빌립보서에서 말한 '비천'의 전형적인 사례다(4:11-12). 그들은 험한 산 깊은 곳에 고립되어 극도로 가난한 삶을 살아가고 있다. 교육과 의료와 경제적 부를 위한 그 어떤 기회에서도 단절되어 있다. 나아가 그들은 핍박을 당하고 있다. 그들의 나라에서 기독교로 개종하는 것은 불법이다. 하지만 법이 문제가 아니다. 그들이 예수님이 제자라는 사실을 각자의 가족들이 알게 되면 죽음을 면할 길이 없다.

그들은 이 집에 옹기종기 모여 서로에게 속삭이며 누군가를 기다리고 있다. '좋은 소식을 가져오는 자'라는 뜻의 바시르(Bashir)는 약 한 시간 전 마을을 떠났다. 그는 옷을 걸치고 희미한 달빛만 비추는 어둠을 틈타 3킬로미터 떨어진 한 동굴로 향했다. 동굴 입구에 이른 그는 입에 작은 회중전등을 물고 무릎을 꿇고 안으로 기어들어 간다. 한 돌무더기 앞까지 기어가는 그를 상상해 보라. 그는 보물을 더듬어 찾는다.

바시르는 보물을 옆구리에 끼고서 다시 동굴을 기어 나간다. 주변에 아무도 없는 것을 확인한 그는 일어서서 보물을 옷 속에 숨긴다. 그러고 나서 3킬로미터 떨어진 마을까지 돌아간다. 혹시 누군가에게 걸릴까 봐 발걸음을 재촉한다.

집에 모인 작은 무리는 문 밖에서 들리는 발소리에 숨을 죽인다. 극심한 긴장감에 몇 시간처럼 느껴지는 몇 초가 지나고 나서 문이 스르르 열린다. 바시르가 안으로 들어와 조용히 문을 닫고 무리 중에 앉아 보물을 꺼낸다.

그 보물은 바로 성경책이다. 그것은 그 마을의 유일한 성경책이자 사방 몇 킬로미터 내에서 유일한 성경책이며 그들의 언어로 번역된 유일한 성경책이다.

바시르는 아직 글을 배우지 못했기 때문에 그 성경책을 그중에서 글을 아는 몇 사람 중 하나인 모스카(Moska)에게 건넨다. 모스카는 행복이라는 뜻이다. 성경책을 펴는 그녀의 얼굴에 미소가 번진다. 이후 두 시간 동안 그녀는 부드러운 목소리로 성경책을 읽는다. 모인 사람들은 단어 하나하나에 귀를 쫑긋한다.

두어 시간이 지난다. 곧 마을 사람들이 깨어날 시간이다. 무리는 방 안을 돌며 서로를 위해 기도한다. 안전을 위해 기도한다. 그리고 무엇보다도 하나님 말씀에서 배운 것을 남들에게 전할 기회를 달라고 기도한다. 하나님 말씀을 전하는 일은 보통 위험한 일이 아니라서 쉽게 기회를 얻을 수 없기 때문이다. 모임을 마친 뒤 그들은 성경책을 다시 바시르에게 건넨다. 바시르는 자신의 임무를 완성하기 위해 자랑스럽게 문을 나선다. 그는 보물을 옷 속에 감추고 조용히 집을 빠져나가 다시 숨기기 위해 서둘러 동굴로 돌아간다.

이런 상황 속에서 그리스도를 따르는 바시르와 모스카를 비롯한 형제자매를 생각하면 오직 성경에만 목숨을 걸면서까지 읽고 알고 나눌 만한 진리가 있다는 사실을 새삼 기억하게 된다. 성경은 교회 안에서 우리를 하나로 묶어 주는 보물이다. 국가의 이상이나 정당의 강령에는 그런 힘이 없다. 수시로 변하는 문화 속에서 현재 가장 인기 있는 사상이나 지식에도 그런 힘이 없다.

그렇다면 왜 수많은 크리스천과 교회가 전혀 성경적이지 않은 이견과 입장과 취향에 따라 뭉쳤다 흩어지기를 반복하는가? 성경적인 이상이 미국의 이상과 너무 철저히 뒤섞여서 더 이상 분간하지 못할 지경에 이른 것은 아닐까? 아니면 더 심각한 상황인가? 우리가 자신의 생각을 옹호하기 위해 성경 구절들을 부지불식간에 교묘히 왜곡시키고 있는 것은 아닐까? 성경이 그런 식으로 오용되는 탓에 새로운 세대들이 하나님 말씀을 경시하는 현실에 우리가 과연 관심을 두고 있기는 하는가?

복음의 복된 소식은 우리가 어느 국가의 건국 철학이나 어느 정당의 최신 강령이나 어느 사회 운동의 최신 트렌드보다도 훨씬 더 좋고 참되고 자비롭고 가치 있는 말씀을 가졌다. 우리가 가진 말씀은 교회 안에서만이 아니라 세상 속에서 죽은 자에게 생명을, 무너진 자에게 치유를, 환멸에 빠진 자에게 소망을 가져다주는 불가사의한 힘을 지녔다. 그러니 이 보물에 대한 흔들리지 않는 확신으로 하나가 되고, 긍휼히 여기는 마음으로 주변 모든 사람에게 이 보물을 전해 주는 일에 목숨을 걸자.

## "내가 왜 알아야 해?"

사라(Sarah)는 한 친구에게서 교회 소그룹 모임에 초대를 받은 뒤에 호기심 반 걱정 반으로 모임 장소에 도착했다. 사라가 교회 활동에 정식으로 참여한 것은 이번이 처음이었다. 모두가 자리에 앉자 소그룹 리더가 입을 열었다. "요한복음을 폅시다."

성경 읽기와 토론이 이어졌지만 사라는 처음부터 혼란스러웠다. 모임이 끝나고 나서 사라는 친구를 한쪽으로 불러물었다. "미안하지만 그냥 궁금해서 그러는데 요한이 누구야? 요한이 무슨 생각을 하는지 내가 왜 알아야 해?"

사라의 질문은 좋은 질문이며, 교회에 다닌 적이 없는 이들만 던지는 질문이 아니다. 내가 목회하는 교회에서도 매주 사람들이 같은 질문을 던진다. 그중에는 교회에 새로 온 사람들도 있지만 어릴 적부터 교회에 계속 다닌 사람들도 있다. 때로는 부모의 손에 이끌려 교회에 온 십대들의 얼굴에서 이런 질문을 본다. 이 책이 내 삶과 무슨 상관이 있는가? 나도 살면서 이 질문을 여러 번 던졌다.

성경에 관한 미국인들의 시각을 가늠하기 위해 6년간의 연구가 진행된 적이 있는데, 참가자들은 이런 질문을 받았다. "성경만으로 의미 있는 삶을 살기에 충분하다고 생각합니까?" 답변들에서 분명하고도 충격적인 추세가 나타났다. 1946년 이전에 태어난 노인들 중 65퍼센트는 성경만으로 의미 있는 삶을 살기에 충분하다고 답했다. 그 숫자는 베이비

부머에 이르러서 56퍼센트로 낮아졌다. X세대에서는 40퍼센트였다. 밀레니얼 세대(1984-2002년 사이에 태어난 이들)에서는 몇 퍼센트가 성경만으로 의미 있는 삶을 살기에 충분하다고 답했는지 아는가? 겨우 27퍼센트였다.[1]

이 추세가 이어지면 한두 세대만 지나도 미국에서 성경이 삶의 원천으로서 충분하다고 믿는 사람은 거의 없어질 것이다.

나는 이 책을 읽는 모든 독자가 성경의 권위와 삶의 관련성을 강하게 확신한다고 생각하지 않는다. 내 목회 경험으로 볼 때 대부분의 독자는 때로(혹은 자주) 이런 것에 의문을 품을 것이라고 생각된다. 그런 의미에서 성경이 하나님의 권위 있는 말씀인지 어떻게 알 수 있으며 왜 성경이 의미 있는 삶에 충분한지를 설명하는 데 이 책의 나머지 부분 전체를 할애하고 싶은 마음이 굴뚝같다. 이것에 관한 확신이 당신의 삶에 너무나도 중요하기 때문이다. 이생에도 중요하고 내세를 위해서도 중요하다. 하지만 이 문제에 관해 내가 쓸 수 있는 것보다 훨씬 더 좋은 책들이 시중에 나와 있다. 그래서 아래에 몇몇 참고 문헌을 소개해 놓았다.[2] 꼭 읽어 보기를 강력히 추천한다.

그럼에도 하나님 말씀의 비할 데 없는 경이로움을 몇 문단으로나마 정리해 보고자 한다.

40명 이상의 기자가 1,500년의 기간 동안 썼지만 모두 하나의 일관된 이야기, 곧 예수 그리스도의 복음을 전해 주는 66권의 책이 상상이 가는가? 성경 전체에서 어느 한 구절도 이 하나의 내러티브와 모순되지 않는다. 단 한 구절도 모순되지 않다니 이것이 어떻게 가능할까? 당신이 아닌 사람 40명에게 하나님이 누구이시고, 우리가 누구이며, 이 세상이 어떻게 만들어졌고, 세상의 문제가 무엇이며 그것을 어떻게 바로잡을 수 있는지에 관한 하나의 큰 이야기를 담은 책 한 권을 쓰게 하면 그 40권의 책이 같은 이야기를 담을 가능성은 없다. 같은 시대에 같은 언어를 쓰는 사람들이 책을 써도 그렇다. 그런데 성경은 농부, 군인, 제사장, 선지자, 법률가, 세리, 어부가 수세기에 걸쳐 각기 다른 언어로 썼는데도 놀랍도록 일관된 하나님의 이야기를 보여 준다.

내 이슬람교도 친구들에게는 미안하지만 성경을 코란과 비교해 보자. 코란은 40명의 저자가 1,500년 동안 쓴 것이 아니라 마호메트 한 사람의 말에 의지해 만들어진 경전이다. 마호메트는 자신이 본 환상을 제자들에게 말해 주었고, 그의 사후에 구술로 전해 내려오던 그 예언들이 기록되었다. 그래서 이 문서들에는 모순되거나 불일치한 것이 포함되어 있었다. 그래서 몇몇 사람들이 이 문서들을 철저히 분석해서 옳다고 생각되는 것들을 찾아 낸 다음, 자신들의 결론과 상충하는 문서는 모두 태우거나 지워 버려 지금의 경전의 모습을 갖추었다.

이번에는 성경이 얼마나 믿을 만하고 정확한지를 생각해 보라. 우리는 약간의 역사적 문서들에서 역사 속의 특정한 사건에 관한 지식을 얻는다. 하지만 헬라어 신약의 사본은 완전한 사본과 부분적인 사본을 합쳐서 5천 권이 넘는다. 게다가 매년 새로운 사본들이 발견된다. 그럼에도 새로운 사본이 발견된다고 해서 성경이 크게 개정된 적은 한 번도 없다. 성경은 이토록 믿을 만하다. 하나님의 말씀이니 그럴 수밖에 없다.

나아가, 코란을 비롯한 다른 종교 경전들은 성경의 구약과 신약에서 보는 것과 같은 역사적 기록들을 포함하고 있지 않다. 역사와 지리에 관한 성경의 기록들은 심지어 수세기 후에 기록된 것들도 신뢰할 만하다. 그만큼 성경은 정확하다. 그리고 '이미' 일어난 일에서만이 아니라 '앞으로' 일어날 일에서도 정확하다. 성경에는 놀랄 정도로 정확하게 이루어졌거나 이루어지고 있는 예언이 수천 개나 포함되어 있다. 그중에서 수백 년 동안 기록된 구약의 300개 예언은 예수님의 삶과 죽음, 부활을 통해 정확히 이루어졌다. 그리고 예수님 자신이 성경의 역사성, 일관성, 신뢰성, 권위를 확증해 주셨다.[3]

마지막으로, 성경은 목격자들이 보고 경험한 것을 큰 희생을 감수하면서까지 쓴 책이라는 점을 생각해 보라. 당신이 성경의 기자 중 하나가 되어 예수님에 관해 쓰기 위해 목숨을 건다고 상상해 보라. 당신이 쓴 예수님의 삶과 죽음과 부활에 관한 이야기는 누구도 부인할 수 없다. 그들도 두 눈으로 똑똑히 보았기 때문이다. 그래서 그들은 당신의 주장에 반박하는 대신 당신을 위협하고 감옥에 처넣고 핍박한다. 하지만 이 진리는 목숨을 걸 만한 가치가 있기 때문에 당신은 계속해서 쓴다. 블레즈 파스칼(Blasé Pascal)은 "목숨을 바친 증인들을 믿는다"[4]라고 말했다. 그리고 지난 2천 년간 이 증언은 시련과 핍박을 이겨 내고 세대에서 세대로 이어져 지금 당신과 나의 앞, 그리고 중앙아시아의 오지 산골 마을까지 이르렀다. 이 증언은 지금도 계속해서 전해지고 있다.

이 모든 사실로 볼 때 성경은 지극히 초자연적이다. 일관성, 신뢰성, 정확성, 권위만 그런 것이 아니라 사람들이 읽고 전하기면 하면 인생들과 역사를 변화시키는 능력도 초자연적이다. 세상에 성경과 같은 책은 없다.

## 성경으로 담배를 피우다

남미의 거리에서 복음을 전하는 페르난도(Fernando)라는 그리스도 안에서의 형제가 생각난다. 유일하게 인생을 변화시킬 수 있는 성경의 능력을 페르난도만큼 확실히 아는 사람도 없다.

페르난도는 성경책을 들고 다니다가 길가에서 한 남자에게 다가갔다. 남자의 이름은 니콜라스(Nicholas)였다. 페르난도는 담배를 피우고 있는 그의 앞에서 성경책을 꺼내 복음을 전하기 시작했다. 니콜라스는 관심이 없는 척하면서도 페르난도의 손에 들린 성경책을 호기심 어린 눈으로 쳐다보았다.

대화가 잠시 끊겼을 때 니콜라스는 이렇게 말했다. "그 책의 종이가 담배를 말기에 딱 좋게 생겼군요."

페르난도는 당황스러워하며 물었다.

"뭐라고요?"

"당신의 손에 들린 그 책의 종이는 최상급 담배 재료에요."

페르난도는 성경책을 내려다보다가 다시 고개를 들어 니콜라스를 보며 말했다. "이 책을 선물로 드릴게요. 단, 이 책을 뜯어서 담배를 말기 전에 그 페이지를 읽겠다고 약속해 주세요. 어떤가요? 약속해 줄 수 있겠어요?"

니콜라스의 눈이 번뜩였다. "물론이죠. 그렇게 할게요. 정말 좋은 종이네요!"

페르난도는 한 번 더 못을 박았다. "이 책을 찢기 전에 꼭 읽겠다는 말을 믿어도 될까요?"

"약속하죠."

페르난도는 니콜라스에게 성경책을 건네고 축복한 다음 떠나갔다.

몇 주 뒤 페르난도는 같은 거리를 거닐다가 니콜라스를 보았다. 두 사람의 눈이 마주치자 니콜라스의 얼굴에 환한 미소가 떠올랐다. 두 사람은 악수를 했고, 페르난도는 니콜라스에게 물었다. "약속을 지키셨나요? 책을 찢기 전에 읽었나요?"

니콜라스는 세차게 고개를 끄덕였다. "한 장씩 읽고 담배를 피우면서 마태복음을 마쳤어요. 그러고 나서 마가복음과 누가복음을 똑같이 했고요. 요한복음 3장까지 담배를 피우다가 하나님이 세상을 이처럼 사랑하사 독생자를 십자가에서 죽게 하셨고, 그래서 그분을 믿는 자는 누구나 죄 용서를 받고 그분과 영원히 살게 된다는 구절을 만났지요. 그래서 그렇게 했습니다. 예수님을 믿게 되었어요."

이번에는 페르난도의 얼굴에 환한 미소가 떠올랐다. 그리스도 안에서 형제가 된 두 사람은 포옹을 하고 나서 이야기를 더 나누었다. 두 사람의 우정은 계속되었고, 내가 마지막으로 소식을 들었을 때 니콜라스는 한때 담배를 피우며 성경을 읽었던 그 거리에 있는 교회의 목사가 되었다고 했다.

복음 전파에 이런 방법을 추천하는 것은 아니다. 단지 하나님의 말씀만이 인생을 변화시킬 힘이 있다는 말을 하고 싶다. 하나님의 말씀은 지금 이곳에서의 삶만이 아니라 영원한 삶을 바꿔 놓는다. 그리고 개인의 삶만이 아니라 역사를 바꿔 놓는다.


## "말씀이 다 했습니다"

수년 전 나는 독일의 아이제나흐(Eisenach)의 바르트부르크 성(Wartburg Castle)에서 마르틴 루터(Martin Luther)가 신약을 독일어로 번역했던 작은 방 안에 서 있었다. 나는 루터가 그 성을 은신처로 삼은 이유를 알고 있었다.

그는 사람들에게 성경을 직접적으로 가르친 뒤에 보름스 의회(Diet of Worms)로 알려진 심의회에서 종교 지도자들로부터 맹비난을 받았다. 거기서 당시의 종교 지도자들은 루터를 소환해 그의 견해를 심의했고, 또한 복음에 대한 그의 가르침을 철회하지 않으면 죽이겠다고 위협했다. 이에 루터는 유명한 말로 대응했다. "나는 내가 인용한 성경에 묶여 있고, 내 양심은 하나님의 말씀에 사로잡혀 있소. 그래서 나는 아무것도 철회할 수 없고 철회하지 않을 것이오."[5]

그날 밤 루터는 보름스 의회에서 집으로 돌아오는 길에 살해 음모를 파악한 친구들에게 이끌려 짙은 어둠 아래서 바르트부르크 성으로 피신했다. 친구들은 다음 해 동안 종교 지도자들의 눈을 피해 그를 그곳에 숨겨 두었다. 그 기간에 루터는 신약을 헬라어에서 독일어로 번역했다.

한때 역사의 물줄기를 극적으로 바꿔 놓은 개혁의 주역이 집으로 사용했던 그 어두컴컴한 방에 서 있으니, 이 모든 일의 단순성에 대해 생각하지 않을 수 없었다. 루터는 하나님의 말씀을 평범한 사람들의 언어로 번역했고, 그것이 그의 삶과 가족과 국가와 우리 역사를 완전히 바꿔 놓았다. 루터 자신도 이런 단순성을 인정했다. 어떻게 그런 역사적인 개혁을 촉발시킬 수 있었느냐는 질문에 그는 이렇게 대답했다.

"나는 그저 하나님의 말씀을 가르치고 설교하고 썼을 뿐입니다. 그것 외에는 아무것도 하지 않았습니다. 그리고 나서 내가 잠을 자거나 친구 필립 멜란히톤(Philip Melanchthon) 과 니콜라스 폰 암스도르프(Nicolaus von Amsdorf)와 함께 시간을 보내는 동안 하나님의 말씀은 교황권을 크게 약화시켰습니다. 그 어떤 왕이나 황제도 교황권을 그토록 약화시킨 적이 없지요. 나는 아무것도 하지 않았습니다. 말씀이 다 했습니다."[6]

이 얼마나 놀라운 말인가. 어떻게 하면 인생과 역사를 바꿀 수 있을까? 성경을 읽고 자고 친구와 시간을 보냈기 때문일까? 물론 아니다. 하지만 하나님의 말씀을 읽고 이해하고 믿고 그에 따라 행동하기만 하면 세상을 변화시키는 변혁이 이루어진다.

## 생각을 말씀 앞에 정렬하는 최상의 방법

하나님의 말씀에는 인생을 변화시키고 역사의 물줄기를 바꿔 놓는 힘이 있지만 우리는 우리의 생각이 하나님의 진리보다 더 나은 것처럼 행동하기 쉽다. 우리는 자꾸만 개인적인 생각과 의견과 입장을 하나님의 말씀 위에 두려고 한다. 하지만 우리의 어리석은 오만은 전혀 놀라운 일이 아니다. 우리는 오래전부터 오만한 존재였음을 기억해야 한다.

아담과 하와가 에덴동산에서 살 때 뱀이 다가와 하와의

귀에 속삭였다. "하나님이 정말로 그렇게 말씀하셨는가?" 역사상 처음으로 치명적인 영적 관념들이 세상에 뿌리를 내리기 시작했다.

· 우리 생각이 하나님의 진리보다 더 믿을 만하다는 관념.
· 우리가 하나님의 말씀을 판단할 수 있다는 생각.
· 우리에게 무엇이 선하고 악한지 판단할 권리와 권위와 지혜가 있다는 생각.
· 우리가 동의할 수 없으면 하나님의 말씀을 무시해도 된다는 관념. 혹은 우리의 불순종을 정당화하기 위해 그 말씀을 왜곡시켜도 된다는 관념.

결국 아담과 하와가 죄를 지은 것은 자신들이 하나님보다 더 잘 안다고 믿었기 때문이다. 그들은 하나님의 말씀이 자신들에게 유익하다고 믿지 않고 그저 귀에 거슬린다고만 생각했다.

우리는 아담과 하와의 DNA를 품고 있다. 이것이 현대 문화가 성경을 귀에 거슬려 하고 현대 교회가 인간의 관념을 하나님의 말씀 위에 두는 것이 전혀 놀라운 일이 아닌 이유이다. 사람마다 다른 모습으로 나타날지 모르지만 로마서 1장에 따르면 우리 모두는 "하나님의 진리를" 우리에게 옳게 생각되거나 좋게 느껴지는 것으로 "바꾸"는 경향이 있다(롬 1:25).

우리는 하나님의 말씀을 거스르는 동시에 그분의 말씀 중 일부(혹은 많은 부분)를 매우 불편해한다. 우리는 물질적 소유욕이나 권력욕이나 명예욕을 경고하는 말씀을 거부하는 성향을 타고났다. 모든 형태의 음란에서 도망치라는 말씀에 반항하는 성향을 타고났다. 우리는 가난한 사람들을 무시하는 성향을 타고났지만 하나님의 말씀은 가난한 사람들을 이해하고 옹호하고 돌보기 위해 애쓰라고 하신다. 우리는 이주민들의 위협에서 안전하게 살기를 원하지만 하나님의 말씀은 이주민들을 환영하고 필요한 것을 제공하라고 하신다. 하나님의 마음이 어떤 식으로 우리의 악한 마음에 거슬리는지 예를 들자면 끝이 없다. 그리고 세상 문화는 우리 마음속의 이런 악한 성향에 더욱 불을 지핀다. 세상 문화는 하나님을 포함해서 누가 무슨 말을 해도 귀를 기울이지 말고 그저 '자신의 진리'에 따라 살라고 외친다.

성경은 귀에 거슬린다. 하지만 유익하다. 우리 창조주는 우리를 무한히 사랑하시며 무엇이 우리에게 가장 좋은지를 아신다. 하나님은 어떻게 해야 우리가 온전하게 살지를 아신다. 하나님은 타락한 인간의 정치나 이념과 수시로 변하는 문화의 트렌드를 따라서는 그런 삶을 살 수 없다는 사실을 아신다. 그래서 우리가 이 세상의 거짓말에서 해방되어 진리에 따라 살도록 사랑 안에서 우리에게 말씀을 주셨다. 거짓은 죽음으로 이어지지만, 진리는 생명으로 이어진다. 그렇다면 이렇게 풍성하고 영원한 삶으로 이어지는 말씀이라면 귀에 거슬려도 기쁘게 받아들여야 하지 않겠는가.

### 왜곡시키지 말고 믿으라

우리는 하나님의 말씀이 귀에 거슬려도 기꺼이 받아들이고 하나님의 사랑을 믿으면서 그 말씀에 따라 삶을 재조정해야 한다. 하지만 우리는 그렇게 하기보다는 자신도 모르게 전혀 다른 길로 가기 쉽다. 그것은 우리 자신과 남들을 기만하고 우리와 남들의 삶을 파멸로 몰아가는 길이다. 우리는 하나님의 말씀을 믿음으로 우리 안에 좋은 생각과 욕구와 행동을 낳기보다는 그 말씀 중 마음에 들지 않는 부분을 무시하거나 우리 안의 악한 생각과 욕구와 행동을 정당화하기 위해 그 말씀을 왜곡시키곤 한다. 아마도 가장 위험한 경우는 그런 행위를 하면서도 우리가 하나님의 말씀을 따르고 있다고 스스로를 속이고 남들을 설득시킬 때일 것이다. 그런 경우에는 모든 당사자가 큰 피해를 입는다.

증거가 필요한가? 미국 기독교의 현재와 과거 모습을 돌이켜 보라. 우리가 이 책에서 탐구하고 있는 주제들과 관련된 모습을 되짚어 보라.

미국은 흑인들이 열등한 인간이라는 신념을 뒷받침하기 위해서 수세기 동안 성경을 왜곡시킨 크리스천들이 세운 나라이다. 많은 크리스천이 미움이 가득하고 비성경적인 시각에 속아서 수많은 사람의 삶을 파괴했다. 거기서 비롯한 고통은 오늘날까지도 사라지지 않고 있다. 그런 고통은 무엇보다도 사람들이 평등에 관한 하나님의 말씀을 무시하거나 자신들의 케케묵은 편견이나 이기적인 비즈니스 모델을 뒷받침하기 위해 하나님의 말씀을 왜곡시킨 결과이다.

우리는 수세기 동안 자국에 관한 긍지를 열국에 관한 하나님의 말씀보다 우선시해 왔다. 미국의 많은 크리스천이 미국을 위대하게 만들어야 한다고 외치고 있다. 이는 열방 중에서 예수님의 이름이 위대해지게 만들어야 한다는 분명한 명령을 교회가 얼마나 쉽게 잊어버리는지를 잘 보여 주는 사례이다. 계속해서 살펴보겠지만, 증거들을 보면 이 나라의 크리스천들과 교회들은 모든 나라의 사람들로 제자를 삼으라는 예수님의 명령을 무시하고 있다. 그로 인해 전 세계 수십억 명의 영원한 미래가 위태로운 지경에 처해 있다.

이런 사례는 우리가 겸손한 자세로 함께 성경책을 펴는 일이 얼마나 절실히 필요한지를 보여 준다. 우리는 하나님의 말씀에서 자신의 의견과 취향에 맞는 부분만 취사선택하거나 자신의 욕심과 라이프스타일에 맞게 하나님의 말씀을 왜곡시키는 우리의 악한 성향을 늘 기억해야 한다. 하나님의 말씀은 돈이나 물질주의나 번영이나 가난이나 연합이나 난민이나 인종주의나 성이나 결혼이나 선교를 비롯한 우리 삶과 이 나라의 많은 이슈에 관한 생각과 충돌할 수밖에 없다. 그럴 때 우리는 하나님의 말씀과 일치되지 않은 모습을 남김없이 회개하고 우리의 삶을 진리 아래 새롭게 정렬시켜야 한다.

**말씀을 통째로 암송하라**

우리의 삶 전체를 하나의 책에 정렬시키려면 당연히 그 책이 무엇을 말하는지를 알아야 한다. 먼저 우리는 성경이 무엇을 말하는지 제대로 아는가? 최근에 4년 동안 코란을 통째로 외웠다는 샬럿에 사는 열두 살짜리 이슬람교도 소년에 관한 기사를 읽은 적이 있다. 또 다른 기사는 필라델피아에 사는 아홉 살 소년이 같은 도전을 시작했다는 이야기를 다루었다. 이 아이들은 영어를 사용하지만 코란을 아랍어로 암송할 줄 안다. 코란의 원문이 아랍어로 쓰였기 때문이다. 물론

이 아이들은 부모와 신앙 공동체의 도움으로 그 일을 해낼 수 있었다.

그 순간 위기감이 몰려온다. 이 이슬람 부모들과 회교 사원들은 아이들이 거짓 신의 말을 외우게 하기 위해 그토록 혼신의 힘을 다하고, 이 아이들도 최선을 다했다. 그렇다면 한 분이신 참된 하나님의 말씀을 가졌다고 주장하는 우리 크리스천들과 교회들은 어떠한가?

하나님의 진리를 우리의 생각 위에 두고 이 보물을 다음 세대에 전해 주려면 이 진리를 마음속에 새기는 일을 매우 진지하게 받아들여야 한다. 종일 휴대폰을 만지작거리고 화면을 보며 이 세상의 메시지를 마음에 가득 채우는 일을 멈추고, 하나님의 말씀을 우리의 마음에 꾹꾹 눌러 담기 시작해야 한다.

## 치유를 위해 말씀을 사용하라

하나님의 말씀을 배우면서 남들을 영생으로 이끌기 위해 그 말씀을 사용하자. 문화적 가치를 둘러싼 전쟁에서 남들을 적으로 보고 그들에게 상처를 주기 위한 무기로 하나님의 말씀을 사용하지 말고, 예수님의 연민으로 친구와 이웃과 낯선 이들을 치유하고 회복시키기 위한 치료제로 하나님의 말씀을 사용하자.

얼마 전 우리 교회는 고린도전서를 자세히 공부하는 시간을 가졌다. 성과 결혼에 관한 가르침이 포함된 고린도전서 6장과 7장에 이르러서 나는 한 교인의 편지를 읽어 주었다. 동성에 끌리고 있는 사람이 쓴 편지는 이 주제에 대한 걱정과 두려움을 털어놓고 있었다. 그는 다음과 같이 썼다.

"이런 편지를 쓰고 싶지는 않았습니다. 하지만 곧 목사님이 동성애에 관한 설교를 하실 것이기 때문에 어쩔 수 없었습니다. 제가 왠지 모르게 불안한 것은 목사님이 무슨 말씀을 하실까 두려워서가 아닙니다. 교회에서 더 외면을 당할까 두려워서입니다. 저는 성경이 하나님의 거룩한 말씀이라고 믿고, 성경이 동성애에 관해서 뭐라고 가르치는지 알고 있습니다. 지난 20년 동안 동성에 끌리는 이 가시를 제거해 달라고 기도했지만 여전히 이 상태입니다. 어떻게 해야 할지 모르겠습니다. 하나님이 기뻐하시지 않는 라이프스타일에 빠지지 않는 것은 그나마 쉬운 편입니다. 하지만 이것만큼은 정말 모르겠어요. 이에 관해서 어떻게 해야 하는지 배운 적도 없어요. 제가 교인들과 어떤 식으로 관계를 맺어야 할까요? 교회는 어떤 식으로 저와 관계

를 맺어야 할까요? 교회 안에 저 같은 사람들을 위한 자리
가 있을까요? 저는 정말 많은 친구들을 잃었어요. 그들 대
부분이 크리스천이었죠. 그들은 제가 자신들과 다르다는
사실을 점점 더 분명하게 느끼다가 결국 떠나갔답니다.
저는 순종의 삶을 살려고 노력하고 있어요. 하지만 그럴
수록 그리스도 안에서의 형제자매라는 이들이 제게서 떠
나가는 현실이 더더욱 참담하게 느껴져요. 제발 부탁드려
요. 고립의 삶과 하나님이 기뻐하시지 않는 삶 사이에서
하나를 선택해야 하는 상황으로 저를 몰아가지 말아 주
세요. 저를 받아 주세요. 제게 쓴소리를 하되 교회에 속하
고 하나님을 섬길 수 있는 길을 열어 주세요. 저와 같은 사
람을 쫓아내지 말아 주세요. 여러분은 저의 생명줄이랍니
다. 제발 제게 생명줄을 던져 주세요.

밖에서 안을 기웃거리는 이가"

이 글을 읽는 내내 몹시 슬펐다. 그리스도 안에서의 형제
혹은 자매이지만 그리스도 안에서 아무도 봐 주지도 이해해
주지도 않는 것 같아 괴로워하고 있는 이의 목소리였다. 하
나님의 말씀이 자신의 삶에 관해 말하는 것 때문이 아니라 교

회 안에서 다른 교인들이 하나님의 말씀을 사용하는 방식 때문에 외면을 당하고 깊은 상처를 입은 이라고 할 수 있다.

안타깝게도 이 사람만 그런 것이 아니다. 지난주에 나는 자신에게 성경을 가르쳐 준 남자에게 성폭력을 당한 두 여인과 대화를 나누었다. 그 남자는 하나님의 친밀하심과 보호하심에 관한 성경의 약속을 악용하여 하나님의 자녀에게 끔찍한 해를 입혔다. 이런 악은 성경을 지독히 왜곡하고 성경의 저자이신 하나님에게 철저히 반역하는 행위이다.

하지만 우리 중 누구도 남들에게 해를 끼치기 위해 성경을 악용하려는 유혹에서 자유롭지 못하다. 마음에 깊이 새기도록 다시 한번 말해 보겠다. 당신과 나는 남들에게 해를 끼치기 위해 성경을 악용하려는 유혹에서 자유롭지 못하다.

앞서 소개했던 개혁의 주인공 마르틴 루터는 한때 유대인들을 "비열하고 더러운 인간들"로 부르며 그들의 회당과 학교와 집들을 파괴해야 한다고 말했다.[7] 설상가상으로 그는 자신의 반유대주의를 뒷받침하기 위해 성경을 사용했다.

이와 비슷하게, 프레더릭 더글러스(Frederick Douglas)의 자서전이 생각난다. 자서전에서 그는 노예 주인이 종교적일수록(크리스천일수록) 노예를 더 잔혹하게 다룬다고 말한다. 그의 말을 들어 보자.

"1832년 8월에, 내 주인은 (교회) 캠프에 참석했다. … 거기서 종교를 경험했다. 그때 나는 주인이 회심하면 노예들을 해방시켜 주거나, 최소한 조금이라도 친절하고 인간적으로 굴지 않을까 하는 작은 희망을 품었다. 하지만 둘 다 아니어서 실망했다. 주인은 회심한 뒤에도 노예들에게 인간적으로 굴지도, 노예들을 해방시켜 주지도 않았다. 회심이 그에게 미친 영향이 있다면 오히려 모든 면에서 더 잔인해지고 증오가 가득해졌다는 것이다. 그는 회심하고 나서 오히려 훨씬 더 나쁜 사람으로 변했다. 회심 전에는 자신의 악한 심성에 따라 야만적인 행동을 했지만, 회심 후에는 종교적인 근거를 들먹이며 노예들을 잔인하게 부렸다. 그는 더없이 경건한 척했다. 그의 집은 기도의 집이었다. 그는 밤낮없이 기도했다. … 부흥회에서 그의 행위는 훌륭했다. 그는 많은 영혼을 회심시키기 위한 교회의 도구 역할을 톡톡히 했다. 그의 집은 설교자들의 집이었다. 설교자들은 그곳에 오는 것을 즐겼다. 그는 우리를 굶기는 동안 그들의 배를 꽉 채웠다."[8]

그 주인은 자신의 잔인한 행위에 종교적 근거를 갖다 붙였다. 더글러스는 그 사례 중 하나를 다음과 같이 기술했다.

"그가 절뚝거리는 젊은 여자 노예를 묶고서 묵직한 쇠가죽으로 맨살이 드러난 어깨를 때리는 것을 보았다. 어깨에서 뜨거운 붉은 피가 뚝뚝 떨어졌다. 그는 이 잔혹한 행위를 정당화하기 위해 다음 성경 구절을 인용했다. "주인의 뜻을 알고도 준비하지 아니하고 그 뜻대로 행하지 아니한 종은 많이 맞을 것이요(눅 12:47).""[9]

우리는 이런 역사의 교훈을 배우고 기억해야 한다. 가장 신실한 크리스천들도 성경을 왜곡하여 그릇되게 적용할 수 있다. 생명의 말씀이 사람들을 해치고 억압하고 착취하는 데 사용될 수 있다. 물론 이것은 우리나 다른 사람들을 향한 우리 하나님의 뜻이 아니다.


## 말씀을 무기처럼 휘두르는 유혹에서 벗어나라

단순히 이런 이야기를 읽는 것만으로는 충분하지 않다. 우리가 하나님의 말씀을 사용하는 방식 때문에 주변 세상의 눈이 하나님의 사랑을 보지 못하고 있지는 않은지를 진지하게 돌아봐야 한다. 세상을 지극히 사랑하사 독생자를 보내 우리를 위해 죽게 만드신 하나님과 그분의 말씀을 전한다고 주장하는 자들로서 우리가 어떠한지 우리 자신을 솔직히 돌아보자.

- "이 나라 교육 위원회에서 진보적인 위원들이 '크리스천들은 우리 지역에서 가장 사랑이 넘치는 사람들이다'라고 생각할 것인가?
- 낙태 찬성 운동가들은 어떠한가? 그들은 '크리스천들이 우리에게 큰 자비와 연민을 보여 주었다'라고 생각할 것인가?
- 레즈비언, 게이, 양성애자, 트렌스젠더, 성 정체성으로 갈등하는 사람, 성 소수자 지지자가 우리를 자신들의 말에 귀를 기울이고 자신들을 진심으로 아끼는 친구로 여길 것인가?
- 우리와 다른 정당을 지지하는 이들은 어떠한가? 그들이 우리에 관해서 '저 사람들은 우리와 의견이 크게 다르지만 항상 나를 존중하고 위한다는 느낌을 받았어'라고 생각할 것인가?
- 우리와 인종이 다른 이웃들은 어떤가? 그들은 우리가 분열의 담을 허물고 서로의 문화적 차이를 존중하며 알려고 노력하는 이들로 볼 것인가?

· 이슬람교를 믿는 이웃들은 어떠한가? 히잡을 쓴 여성들이 우리 교회들에서 환영받는 기분을 느낄 것인가? 우리 지역의 이슬람교도들은 '저 교회는 우리와 다른 신을 믿지만 내가 본 사람 중에 가장 사랑 많은 사람들이고 우리를 무서워하지도 않고 항상 잘 대접해 주지'라고 생각할 것인가? 타국의 이슬람교도들도 우리에 관해 이렇게 생각할 것인가?"

나 자신의 삶을 점검하고 내가 목회하는 교회에서 이런 질문을 던져 보면 우리 모두가 문화 전쟁 속에서 하나님의 말씀을 무기처럼 휘두르려는 유혹을 느낀다는 사실을 새삼 깨닫는다. 우리는 자신의 입장과 부합하는 것처럼 보이는 성경 구절을 들먹인다. 물론 학교에서 무엇을 가르칠지에 관심을 갖고, 태아를 보호하며, 성경적인 성을 지지하는 것이 옳다. 정치적 입장을 포함하여 온갖 종류의 문제에서 성경적인 입장을 갖고 이슬람교를 비롯한 다른 종교들의 거짓된 가르침에 반대해야 한다. 하지만 하나님의 말씀은 모든 사람 특히 우리와 다른 사람들을 향한 자비와 연민과 우정과 존중과 사랑과 환대도 요구한다. 우리와 비슷한 사람들에게만 자비, 연민, 우정, 존중, 사랑, 환대를 베푼다면 그런 행동이 우리에 관해서 무엇을 말해 줄 것인가? 무엇보다도 그것은 남들에 대한 사랑을 가장한 자기 사랑이 아닌가?

물론 하나님의 말씀이 성령의 검이라는 에베소서 6장 17절 말씀이 있다. 하지만 그 구절 직전에 바울은 우리가 '다른 사람들'과 싸우는 것이 아니라는 점을 명시한다. 우리는 사람들에 '맞서' 싸우는 것이 아니라 사람들을 '위해서' 싸운다. 에베소서 6장 19절에 따르면 이는 우리가 계속해서 사람들에게 그들을 향한 하나님 사랑의 복된 소식을 전하고 우리의 삶으로 그 복음을 보여 주어야 한다는 뜻이다. 그 과정에서 우리는 이 세상의 악한 영적 세력들(우리의 진짜 적들)과 싸운다. 이 악한 세력들에는 하나님의 말씀을 의심하거나 불신하거나 왜곡하거나 축소시키거나 남용하려는 우리 삶 속의 유혹이 포함된다.

## 확신과 연민의 마음으로

이것이 바시르와 모스카처럼 성경을 소지하는 것만으로도 목숨을 잃을 수 있는 곳에서 수많은 이들이 싸우고 있는 전쟁이다. 이런 환경에 있는 형제자매를 방문할 때마다 특별히 두 가지 특징을 보게 된다.

첫째, 그들은 하나님 말씀의 가치에 관한 분명한 '확신'을 품고 있다. 나는 미국의 성인이나 학생들이 모인 콘퍼런스에서 자주 메시지를 전하는데, 이런 콘퍼런스는 주로 30-60분 분량의 설교 한두 편과 나머지는 자유 시간과 흥미로운 활동으로 이루어진다. 하지만 핍박받는 나라에서 크리스천들을 만나 보면 그들은 목숨을 걸고서 12시간 내내 하나님의 말씀을 공부한다. 뿐만 아니라 다음 세대에 하나님에 관한 지식을 전해 주려는 열정이 대단하다. 그들은 자국만이 아니라 주변 국가에 하나님의 말씀을 전하기 위해 비밀 수련회에서 십대 학생들을 이른 아침부터 자정까지 몇 시간 내내 훈련시킨다. 십대를 포함한 이 형제자매들은 세상 누구보다도 하나님의 말씀을 사랑한다.

이는 두 번째 특징으로 이어진다. 그들은 하나님의 말씀을 필요로 하는 사람들을 향한 놀라운 '연민'을 품고 있다. 위에서 소개한 어른들이나 십대 중에 자신만을 위해서 성경을 공부하는 사람은 단 한 명도 없다. 그들 중 성경을 공부하고 나서 조용히 혼자서만 신앙생활을 하려는 사람은 아무도 없다. 물론 그렇게 하는 편이 훨씬 쉬울 것이다. 그들의 나라에서는 하나님의 말씀을 혼자서만 간직하면 핍박을 받지 않는다. 하나님의 말씀을 남들에게 전할 때 핍박을 받는다. 하지만 이 어른들과 십대들은 예수님을 모르는 다른 사람들을 깊이 사랑한다. 나는 그들이 바닥에 엎드려 자신들의 마을과 도시와 이웃 국가의 복음을 모르는 사람들을 위해 울며 기도하는 모습을 보며 깊은 감명과 도전을 받았다. 이 크리스천들이 기도하는 대상 중에는 그들을 핍박하는 이들도 포함되어 있다. 이 크리스천들은 박해자들이 복음을 듣고 믿지 않으면 영원한 형벌을 받게 된다는 성경의 가르침을 알고서 그들을 예수님께로 인도하기 위해 무엇이든 할 각오를 품고 있다. 이것이 그들이 목숨을 내주는 연민의 마음을 품고서 그들의 좁은 비밀 장소를 박차고 나가서 담대하게 하나님의 말씀을 전하는 이유이다.

이 두 가지 특성 곧 '확신과 연민'이 바시르와 모스카를 비롯한 전 세계 수많은 크리스천의 내면에서 불타오르고 있다. 그렇다면 우리는 어떠한가? 우리는 비밀 장소에 모이거나 하나님의 말씀을 가져오기 위해 한밤중에 험한 산을 올라서 은밀한 동굴까지 다녀올 필요가 없다. 그럼에도 이 보물을 소중히 여기자. 성경의 초자연적인 가치에 대한 굳건하고도 겸손한 확신을 품고서 밤낮으로 묵상하고 암송하자. 또한 함께 모여서 몇 시간이고 열심히 하나님의 말씀을 파고들어 보자. 그리고 하나님의 말씀을 왜곡시키고, 무기화하고, 거기에 우리 맘대로 뭔가를 더하거나 빼고, 자신의 생각을 말씀 위에 두려는 우리의 악한 성향을 철저히 경계하자. 하나님과 다른 이들과 우리 자신을 위해서 그렇게 하자. 그러고 나서 이 보물을 다음 세대와 열국에 전해 주기 위해 분연히 일어나 밖으로 나아가자. 그리스도를 닮은 연민을 품고서 그렇게 하자.

**3**

논쟁에서 정의의 실천으로

# 하나님이 미워하시는 것을
우리도 미워하라

"옛 삶이 그립나요?"

이것은 내가 극적인 변화를 경험한 이민자이자 우리 교인인 나오미(Naomi)에게 던진 질문이다. 나오미와 남편 젤랄렘(Zelalem, 우리는 지 박사(Dr. Zee)라고 부른다)은 둘 다 아메리칸 드림을 좇아 에티오피아에서 미국으로 건너왔다. 지 박사는 엄청난 성공을 거두었다. 덕분에 그들 부부는 아름다운 집에서 살며 온갖 좋은 것들을 누리며 때마다 더없이 호사스러운 휴가를 즐겼다. 그렇다고 오해하지는 말기 바란다. 그들은 선하고 후히 베풀 줄 아는 크리스천들이다. 하지만 편안하고 안락한 것을 추구하는 명목상 기독교에 만족하고 있었다. 그러다 어느 휴가 도중에 그들은 신앙이 완전히 뒤집히는 일을 겪었다.

그해 나오미와 지 박사는 고국인 에디오피아로 여행을 갔다. 그곳의 호텔에서 휴식을 취하던 나오미는 고아원을 운영하는 친척을 방문하기 위해 하루 시간을 냈다. 고아들에 관한 에티오피아의 문제는 잘 알려져 있다. 에티오피아에는 거의 5백만 명에 달하는 고아들이 있었고, 그들 중 거의 백만 명은 에이즈로 고아가 되었다. 많은 고아가 길거리에서 연명하고 있다. 에티오피아 수도인 아디스아바바(Addis Ababa)에는 10-14세 소녀들의 약 3분의 1이 부모 없이 살고 있다. 하지만 대부분의 미국인처럼 나오미는 그 고아원에 방문하기 전까지 이런 가슴 아픈 현실을 전혀 인식하지 못하고 있었다.

이전 나의 책《래디컬》에서 우리가 고아들의 이름을 알고 실제로 품에 안아 보기 전까지는 그들을 무시하기 쉽다고 말한 적이 있다. 나오미의 경우가 그러했다. 나오미는 이 아이들과 얼굴을 맞대었을 뿐 아니라 그들이 사는 열악한 환경을 직접 마주했다. 그녀는 그 고아원에서 매주 평균적으로 네 명의 아이들이 죽어 나간다는 사실을 알게 되었다.

이 아이들의 어려움을 직접 본 나오미는 마음이 찢어졌다. 미국으로 돌아온 그녀는 도저히 가만히 있을 수 없어서 무엇이든 하기로 결심했다. 그녀는 우리 교인들에게 이러한 현실을 알리고 가까운 교인들에게 함께하자고 말했다. 그때부터 변화가 시작되었다. 무엇보다도 '우리 자신'이 변하기 시작했다. 우리 교회에서 수백 명의 교인들이 고아들을 돌보기 위해 에티오피아로 직접 찾아갔다. 우리는 고아들을 돌보기 위한 대책을 이미 실행 중인 에티오피아의 수많은 정교회 교회들과 협력하기 시작했다.

그 결과가 어떻게 되었는지 아는가? 현재 수많은 고아가 매일 육의 양식을 제공받을 뿐만 아니라 제자 훈련 프로그램에 참여해 영의 양식도 공급받고 있다.[1] 지 박사와 나오미는 에티오피아 남자아이 두 명을 입양했고, 에티오피아 정부의 몇몇 최고위 관리들도 그 입양 대열에 합류했다. 우리는 에티오피아 대통령을 만나 고아 돌봄 사역을 전국으로 확장할 방안을 모색했다. 매주 네 명의 아이가 죽어 나가던 그 고아원에서 이제 더 이상 죽음의 소리가 들리지 않게 되었다.

나도 지 박사 부부와 함께 여러 차례 에티오피아를 다녀왔다. 한번은 진흙투성이 언덕 중턱에 수백 명의 부랑아들 가운데 서 있었다. 나는 누더기를 입고 온몸에 때가 덕지덕지 붙은 5-15세 아이들이 그날 거리에서 구걸한 소량의 음식 쓰레기를 나누는 모습을 지켜보았다. 형들이 식당과 식당의 음식 쓰레기통에서 찾은 콩과 빵을 나눠 주자 어린 아이들의 얼굴에 미소가 번졌다. 나오미가 이 아이들 속으로 들어가 한가운데 서자 모두의 시선이 그녀에게로 쏠렸다. 그녀는 이 아이들에게 음식과 가족을 얻을 수 있는 다른 방법들을 소개했다.

그날 밤, 나는 이번 선교 여행을 함께한 백 명 남짓의 교인들과 한자리에 모였다. 그때 나는 나오미에게 하나님이 그녀를 통해 그녀의 주변에서 행하고 계신 놀라운 역사를 소개해 달라고 부탁했다. 그녀의 간증이 끝나고 나는 이렇게 물었다. "나오미, 예전에 누렸던 그 멋진 휴가와 고급진 물건들이 그립지 않나요? 옛 삶이 그립지 않나요?"

나오미는 웃음을 터뜨렸다. "전혀요! 바로 이것이 진짜 삶이죠!"

맞는 말이다. 성경도 이 말을 뒷받침해 준다. 하나님은 미가 선지자를 통해 우리에게 좋은 삶을 누릴 수 있는 길을 말씀해 주셨다. "사람아 주께서 선한 것이 무엇임을 네게 보이셨나니 여호와께서 네게 구하시는 것은 오직 정의를 행하며 인자를 사랑하며 겸손하게 네 하나님과 함께 행하는 것이 아니냐"(미 6:8). 정의! 바로 이것이 나오미가 행하고 있는 것이다. 그녀는 "고아를 위하여 신원하며"라는 하나님의 명령에 순종하고 있다(사 1:17). 그녀는 하나님 앞에서 정의를 행함으로 예수님의 자비와 겸손을 보여 주고 있다.

하지만 안타깝게도 우리는 예수님의 제자들이 정의를 실천하기보다 정의를 놓고 입씨름을 벌이는 데 더 열을 올리는 시대에 살고 있다. 우리 주변, 나아가 전 세계에 고아, 과부, 가난한 자, 압제를 당하는 자, 포로 된 자, 쫓겨난 자, 냉대 받는 자, 학대를 당하는 자가 가득한데도 우리는 SNS에서 정의를 놓고 서로를 비판하고 서로에게 고함을 지르는 데 에너지를 허비하고 있다. 그러면서 그것이 정의를 행하는 것인 양 착각하고 있다.

우리는 지 박사와 나오미의 본을 따라 전인적이고 성경적이고 복음적이며 예수님께 영광이 되는 방식으로 정의를 실천해야 한다. 고아들을 품에 안고, 주변의 과부들을 살피고, 국경의 난민들을 돕고, 이민자들을 집으로 초대하며, 노예들을 인신매매 일당으로부터 구해 내고, 수감자들을 찾아가며, 학대의 피해자들을 돌보고, 원치 않는 임신으로 어찌할 바를 모르는 이들의 곁을 지켜 주어야 한다. SNS에 정의에 관한 글을 올리거나 정치적 영역에서 정의에 관한 논쟁을 벌이는 수준에서 벗어나야 한다. 심지어 선거에서 정의의 편에 표를 던지는 것만으로도 부족하다. 사랑과 자비가 매일 예수님을 따르는 삶의 중요한 일부라는 점을 이해해야 한다. 정의와 사랑과 자비를 실천하는 것이야말로 예수님 안에서 좋은 삶을 경험하는 길임을 깨달아야 한다.

## 침묵은 있을 수 없다

아마 대부분 이런 반박을 들어 본 적이 있을 것이다. "하지만 우리는 정의에 관해서 말하지 말아야 한다. 그저 복음만을 전해야 한다." 당신이 이런 말을 해본 적이 있을지도 모르겠다. 내가 인종 문제나 고아에 대한 돌봄, 이민과 난민을 비롯한 정의 관련 주제들에 관해서 무슨 말을 할 때마다 이와 비슷한 말을 듣는다. 나만 그런 것이 아니다. 다른 목사들도 비슷한 경험을 이야기한다.

오랫동안 나도 그런 사고방식에 따라 설교를 했다. 예를 들어, 전에 책에서 썼듯이 나는 낙태 문제에 관해 너무도 오랫동안 침묵하고 수동적으로 굴었다. 나는 낙태를 성경적인 이슈가 아니라 정치적인 이슈로만 보았다. 다시 말해 나는 '그저 복음만을 전하면서' 매년 어머니의 태 안에 있는 수백만 명의 생명을 위해서는 아무런 말도 하지 않았다.

나의 침묵을 회개하고 태 안에서 형성되고 있는 생명을 향한 성경의 가르침을 설교하기 시작하면서, 그 아이들을 향한 하나님의 사랑에 대해 '말만' 하지 말고 무언가를 '행하라'는 촉구하심이 느껴졌다. 하나님의 은혜로 우리 부부는 아이를 입양할 수 있었다. 또한 우리 교회는 입양을 사역의 중요한 일부로 삼았다. 오늘날 우리 가족과 교회는 입양 기관과 위기 임신 센터 등의 기관들과 힘을 합쳐, 태아만이 아니라 (다양한 이유로) 낙태를 심각하게 고려하는 이들을 여러 방식으로 지원하고 있다(우리는 낙태의 이유들도 다루어야 한다).

그런데 흥미롭게도 교회 안에서 내가 낙태에 관해 설교할 때 발끈하는 사람은 별로 없다. "낙태 이야기는 그만하고 그냥 성경이나 가르치세요"라는 말은 듣기 힘들다. 마찬가지로 내가 성이나 결혼이나 크리스천들의 종교적 자유에 관해 설교할 때 그런 식으로 불만을 토로하는 말은 들어 본 적이 없다. 하지만 내가 이슬람교도를 위한 종교적 자유, 인종주의의 악, 난민들을 돌보는 일, 압제를 멈추는 일, 가난한 자들을 옹호하는 일에 관해 말하면 "쓸데없는 소리는 그만하고 그냥 성경이나 가르치세요"라는 말을 듣기 쉽다.

왜 그런가? 왜 우리가 성경에서 다루는 정의의 문제 중에서 교회 안에서 이야기해도 되는 것과 이야기해서는 안 되는 것을 마음대로 취사선택하는가?

우려를 표시하는 이들의 의도를 모르는 바는 아니다. 실제로, 교회 역사 속에는 정의를 외치면서 복음을 배신한 이들이 많다. 다양한 시대의 크리스천들과 크리스천 리더들이 성경적인 복음을 그저 가난한 자들을 먹이고 이민자들에게 거처를 제공하는 데만 초점을 맞춘 복음과 맞바꾸었다. 그들은 가장 큰 선물인 예수님을 통한 구원을 제시하지 않았다. 나는 그런 거짓 복음과 조금도 연관되고 싶지 않다.

하지만 일부 크리스천들이 정의를 외치는 가운데 예수님의 복음을 희석시키거나 무시했다고 해서 가난, 압제, 낙태, 고아, 과부, 노예, 난민, 인종주의가 가득한 세상 속에서 우리가 수동적인 상태로 남아 있어야 한다는 뜻은 아니다. 예수님은 정의와 사랑과 자비를 실천하셨고, 우리는 그분의 제자로 불린다. 그렇다면 우리도 그분처럼 해야 한다. 그래야 한다고 하나님이 우리에게 '요구하신다.'

하나님은 이사야 선지자를 통해 그분의 백성이 형식적인 종교에만 몰두한 채 그들 가운데 가득한 불의를 방관했다고 엄하게 꾸짖으셨다.

"헛된 제물을 다시 가져오지 말라 분향은 내가 '가증히' 여기는 바요 월삭과 안식일과 대회로 모이는 것도 그러하니 성회와 아울러 악을 행하는 것을 내가 견디지 못하겠노라 내 마음이 너희의 월삭과 정한 절기를 싫어하나니 그것이 내게 무거운 짐이라 내가 지기에 곤비하였느니라 너희가 손을 펼 때에 내가 내 눈을 너희에게서 가리고 너희가 많이 기도할지라도 내가 듣지 아니하리니 이는 너희의 손에 피가 가득함이라 너희는 스스로 씻으며 스스로 깨끗하게 하여 내 목전에서 너희 악한 행실을 버리며 행악을 그치고 선행을 배우며 정의를 구하며 학대 받는 자를 도와 주며 고아를 위하여 신원하며 과부를 위하여 변호하라 하셨느니라"(사 1:13-17).

하나님은 그분의 백성이 주변의 불의와 압제를 무시한 채 기도하고 헌금을 드리고 예배에 참석하는 것을 "가증히" 여기신다.

하나님은 아모스 5장에서도 비슷한 언어를 사용하신다. 거기서 하나님은 그분의 백성에게 그분이 미워하실 뿐 아니라 그들도 미워해야 할 것을 말씀해 주신다.

"너희는 악을 미워하고 선을 사랑하며 성문에서 정의를 세울지어다 … 만군의 하나님 여호와께서 혹시 요셉의 남은 자를 불쌍히 여기시리라 내가 너희 절기들을 미워하여 멸시하며 너희 성회들을 기뻐하지 아니하나니 너희가 내게 번제나 소제를 드릴지라도 내가 받지 아니할 것이요 너희의 살진 희생의 화목제도 내가 돌아보지 아니하리라 네 노랫소리를 내 앞에서 그칠지어다 네 비파 소리도 내

가 듣지 아니하리라 오직 정의를 물 같이 공의를 마르지
않는 강 같이 흐르게 할지어다"(암 5:15, 21-24).

성경은 분명히 말한다. 우리가 입술로 찬송가만 부르고
불의에 맞서 목소리를 높이지 않을 때 하나님은 기뻐하시지
않는다. 손을 높이 들고 예배하면서 그 손으로 우리 지역의
불의와 불평등에 맞서 싸우지 않을 때 하나님은 기뻐하시지
않는다. 하나님을 진정으로 예배하는 사람들은 주변의 어려
운 사람들에게 선을 행하기를 기뻐한다.

아모스에 따르면 하나님은 우리가 단지 무언가를 했다는
생색을 내기 위해 가끔씩 정의를 행하는 것을 원치 않으신
다. 하나님은 항상 정의를 많이 행하라고 명령하신다. 하나
님은 계속해서 물이 쏟아지는 수도꼭지 아래의 주전자에서
물이 넘치는 것처럼 정의의 행위가 넘쳐흐르기를 원하신다.
성경에는 가난한 사람들에 대한 언급은 수백 번, 압제당하는
자들에 대한 언급은 일백 번 이상, 고아와 과부와 거류민에
대한 언급도 일백 번 이상 나온다. 피부색에 상관없이 모든
사람을 향한 하나님의 관심에 대한 언급은 헤아릴 수 없이 많
다. 그렇다면 우리는 정의를 향한 하나님의 마음을 무시해서
는 안 되며, 정의를 너무 신중하고 주저하며 행할 필요가 없

다. 우리 안에 계신 예수님의 영으로 정의를 넘치도록 행해야 한다.

그렇게 하지 않으면서 우리가 아무리 예배에 열심을 다한다고 하여도 과연 하나님이 기뻐하시겠는가.


## 누가 정의를 정의하는가

그렇다면 정의란 무엇인가? 우리는 다양한 배경에서 이 단어를 접하고 이 단어의 의미를 배우고 있다. 문제는 우리가 누구에게서 배우고 있느냐 하는 것이다. 세상으로부터 배우고 있는가? 아니면 하나님의 말씀에서 배우고 있는가?

정치인이나 언론인이나 유명인사들은 정의나 압제와 같은 단어들을 자신들이 원하는 방향으로 정의하기 위해 애를 쓴다. 설상가상으로 SNS의 글과 유명 팟캐스트와 인터넷 뉴스도 모두 우리의 생각에 영향을 미친다. 그래서 이면에서 작용해 우리가 듣고 보는 것을 통제하는, 보이지 않는 마케팅 알고리즘을 망각하기 쉽다. 사실상 우리는 각자 좋아하고 동의하는 의견들에 둘러싸여 있다. 하지만 그런 의견들이 반드시 하나님의 말씀과 일치하는 것은 아니다.

이것이 이 나라에서 팬데믹이 기승을 부리고 인종적·정치적으로 갈등이 극에 달했을 때 약 천 명이 우리 교회에 모여 함께 금식기도를 하면서 성경책을 편 이유다. 우리는 하나님이 정의를 어떻게 정의하시는지 알고 싶었다. 그 결과 성경적인 정의는 하나님의 성품과 성경의 가르침에 비추어 옳은 정의이며 사람들을 위하는 정의라는 사실을 발견했다.

성경에서 우리가 '정의'(justice)와 '공의'(righteousness)로 번역하는 히브리어와 헬라어 단어들은 흥미롭게도 서로 번갈아 사용할 수 있는 경우가 많다. 하지만 때로 '정의'는 별개로 취급된다. 이런 경우, 정의는 우리가 특히 법이나 판결이나 상거래나 사회적 문제에서 남들과 관계를 맺는 방식을 주로 지칭한다. 다음과 같은 예를 보라.

"너는 재판(정의)을 굽게 하지 말며 사람을 외모로 보지 말며 또 뇌물을 받지 말라…"(신 16:19).

"너희가 정의와 공의를 행하여 탈취 당한 자를 압박하는 자의 손에서 건지고 이방인과 고아와 과부를 압제하거나 학대하지 말며…"(렘 22:3).

하나님은 가난한 자, 압제당하는 자, 학대를 당하는 자, 궁핍한 자를 위한 정의에 특별히 관심을 두신다. 다음과 같은 시편을 보면 알 수 있다.

> "여호와께서 공의로운 일을 행하시며 억압당하는 모든 자를 위하여 심판하시는도다"(시 103:6).

> "내가 알거니와 여호와는 고난당하는 자를 변호해 주시며 궁핍한 자에게 정의를 베푸시리이다"(시 140:12).

하나님은 "하신 일이 완전하고" "모든 길이 정의"로운 반석이시며(신 32:4) "사랑과 정의와 공의를 땅에 행하는 자"이시다(렘 9:24). 이는 우리가 사람들, 특히 가난하고 압제당하고 학대당하고 궁핍한 자들에게 정의를 행하고 자비를 베푸는 것이 곧 하나님의 성품을 비추는 것이라는 뜻이다.

정의는 하나님의 성품을 보여 주는 일을 행하는 것일 뿐 아니라 하나님의 말씀에 비추어 '옳은' 일을 행하는 것이다. 모두 알다시피 '옳은'이라는 단어는 전혀 '옳지 않은' 방식으로 적용될 때가 얼마나 많은가. 미국 법원은 동성과 결혼하는 것이 옳다고 말하지만 하나님의 말씀은 옳지 않다고 말한다. 미국의 일부 주에서는 아직 태어나지 않은 태아의 생명을 앗아 가는 것이 옳다고 말하지만 하나님의 말씀은 옳지 않다고 말한다. 많은 사람들, 심지어 교인들도 가난하고 힘든 사람들을 무시하고 억압하면서 자신은 부유하고 편안하고 안전하게 사는 것이 옳은 것처럼 행동한다. 하지만 이사야서와 아모스서에서 보았듯이 이는 하나님 앞에서 전혀 옳지 않은 행동이다. 사실, 성경은 그것을 죄라 부른다. 그것은 하나님이 옳다고 말씀하시는 것을 거역하는 행위이다.

## 불의 그리고 복음의 해법

그렇다면 불의는 하나님의 성품과 성경의 가르침에 비추어 옳지 '않고' 사람들을 위하지 '않는' 것이다. 하나님의 형상을 따라 창조된 사람들 속에 불의의 예는 수도 없이 많다. 거짓말하고, 살인하고, 억압하고, 학대하고, 착취하고, 속이고, 뇌물을 주고받고, 훔치고, 비방하고, 같은 인간을 노예로 삼는다. 자신의 이익을 위해 남들을 이용한다. 우리는 재물을 축재한다. 자신을 남들보다 우월한 존재로 내세운다. 가난한 자, 약한 자, 과부, 고아, 이주민을 착취하고 무시한다. 이것이 성경 속 남녀들의 이야기이다. 그리고 우리의 이야기이기도 하다. 우리는 모두 불의를 저지르는 성향을 지니고 있다.

불의는 개인적인 행동이나 관계에만 국한되지 않는다. 불의는 악한 인간들이 만들고 유지하는 기관과 법과 정책에까지 스며들어 있다. 불의는 특정 국가의 특정한 문화적 순간에만 국한되지 않는다. 불의는 어느 한 이슈에만 국한되지 않는다. 불의는 세상에 존재하는 모든 국가에서 수만 가지 방식으로 세상을 가득 채우고 있다. 미국도 예외는 아니다.

그렇다면 불의가 가득한 세상과 국가에서 참된 복음은 어떻게 우리를 돕는가? 성경의 중심에서 예수님의 복음은 궁극적인 불의에 대한 유일한 소망으로 환하게 빛나고 있다. 예수님은 하나님의 성품을 완벽히 드러내시고 하나님의 말씀을 완벽히 이루시며 하나님의 정의를 완벽히 실천하신 하나님의 아들이시다.

예수님은 정의의 화신이시다. 예수님은 이 땅에 계실 때 과부, 가난한 자, 병든 자에게 정의를 맛보여 주셨을 뿐 아니라 모든 나라의 사람들이 받아 마땅한 심판을 감내하심으로 '궁극적인' 정의를 가져오기 위해 오셨다. 의로우신 분인 예수 그리스도는 세상의 죗값을 대신 치르셨다. 그로 인해 누구든 그분을 믿는 사람은 하나님 앞에서 의로워질 수 있게 되었다.

이렇게 하나님 앞에서 의로워지면 반드시 우리 안에 있는 예수님의 능력을 통해 하나님과 함께 정의를 행하게 되어 있다. 야고보서에 따르면 바로 이것이 믿음의 핵심이다.

> "내 형제들아 만일 사람이 믿음이 있노라 하고 행함이 없
> 으면 무슨 유익이 있으리요 그 믿음이 능히 자기를 구원
> 하겠느냐 만일 형제나 자매가 헐벗고 일용할 양식이 없는
> 데 너희 중에 누구든지 그에게 이르되 평안히 가라 덥게
> 하라 배부르게 하라 하며 그 몸에 쓸 것을 주지 아니하면
> 무슨 유익이 있으리요 이와 같이 행함이 없는 믿음은 그
> 자체가 죽은 것이라 어떤 사람은 말하기를 너는 믿음이
> 있고 나는 행함이 있으니 행함이 없는 네 믿음을 내게 보
> 이라 나는 행함으로 내 믿음을 네게 보이리라 하리라"(약
> 2:14-18).

다시 말해, 정의가 빠진 믿음은 사라지는 연기에 불과하
다. 정의를 행하지 않으면 사실상 예수님을 모르는 것이다.

정의를 행하기 위한 출발점은 우리를 마음속의 불의에서
구원해 주실 뿐 아니라 우리의 삶 속에서 정의를 행하도록 가
르치고 능력을 주시는 예수님이 필요하다는 사실을 깨닫는
것이다. 복음의 능력으로 예수님이 우리 안에 정의를 행하고
자비를 보여 주는 삶을 만들어 주셔야 한다. 그 삶은 우리 스

스로 만들어 낼 수 있는 것보다 더 넓고 깊게 희생하는 삶이다. 그렇게 되면 다른 사람들, 특히 가난하고 압제당하고 학대당하고 궁핍한 이들이 잘되기를 바라는 마음이 더없이 간절해져 도저히 가만히 앉아서 구경만 하고 있을 수 없게 된다. 단순한 종교적인 의무가 아니라 진정한 사랑과 기쁨으로 어려운 사람들을 돕게 된다.

## 구체적인 그림을 그려 보라

주변 세상 속에서 정의를 행하고 자비를 베풀기 위한 구체적인 방법들을 모두 다루려면 책 한 권을 써도 모자랄 것이다. 그래서 여기서는 성경적인 정의를 행하기 위한 몇 가지 실질적인 방법을 살펴보고, 아래에 인용한 구절들을 포함해 성경을 묵상하는 시간을 가져 보려 한다.

- 당신이 지금 있는 곳과 열방에서 복음을 선포하라. 다음 장에서 살펴보겠지만 수십억 명의 사람들이 아직 예수님에 관한 복음을 듣지 않은 것은 '옳지 않은' 일이다 (마 28:18-20; 행 1:8; 롬 15:14-21).
- 가정에서 배우자, 자녀, 부모를 사랑하고, 다른 가정에

서 학대나 억압을 당하는 이들을 도우라(엡 5:22-6:4).[2]

- 고아, 과부, 이주민, 장애아와 그 가족, 편부모를 비롯한 취약한 개인들과 그룹들을 향한 연민과 관심을 갖고 노력하라(출 22:21; 시 82:3-4; 사 1; 렘 22:13-16; 겔 22:29-31; 약 1:27).

- 억압과 성폭력으로부터 사람들을 보호하고, 성폭력 범죄자를 고소하고, 성폭력 처벌 및 예방을 위한 시스템과 구조를 마련하라(출 3:9; 신 26:7; 왕하 13:4; 시 9:9; 103:6; 겔 45:9).

- 당신이 누리는 혜택을 주변의 취약한 계층을 위해 사용하라. 미국인들은 소말리아인들이 누리지 못하는 혜택을 누리며, 일부 미국인들은 다른 미국인들이 누리지 못하는 혜택을 누린다. 따라서 정의와 자비는 이렇게 묻는다. "내가 누리는 어떤 혜택을 취약한 계층을 돕는데 사용할 수 있을까?"(마 25:14-46; 눅 12:41-48; 고후 8:1-9; 9:6-15).[3]

- 가난하고 압제받는 사람들의 필요를 이해하고 그들의 권리를 옹호하라(잠 29:7; 31:89; 사 1:17).

- 금전적으로 정직하게 살고, 금전적으로 부정직한 사람들을 벌하라(잠 17:23).

- 다른 사람, 심지어 (특히) 당신과 생각이 다른 사람에 관해서도 항상 정직하고 친절하게 말하라. 비방은 불의다. 아이러니하게도 교회에서 정의에 관해 토론하는 자리에서 비방이 자주 나타난다(잠 10:11; 엡 4:29-32).

- 리더로서의 당신의 모든 지위나 권위를 남들을 섬기고 세워 주는 데 사용하라(막 10:41-45; 빌 2:5-11).

- 모든 사람, 특히 정부 리더들을 존중하고 그들을 위해 기도하라(딤전 2:1-6; 벧전 2:17).

- 정부에 복종하고 세금을 납부하라. 로마서에 따르면 미국의 4월 15일은 납세 의무를 다함으로써 하나님을 예배하는 날이다(롬 13:1-7).

- 열심히 정직하게 일하라. 데살로니가의 초대 교인들은 예수님이 곧 돌아오실 것이라고 믿고서 직장을 그만두었다. 바울은 이것이 지역 경제에 악영향을 미치고 사람들이 가족을 부양하고 어려운 사람들을 도울 수 없게 만든다는 점을 알았다. 그래서 그는 직장을 갖고 일을 열심히 하라는 메시지를 강조했다(골 3:23-24; 살후 3:6-15).

- 다른 사람에게 영향을 미치는 기관, 법, 정책을 통해 정의를 증진시키라. 만인에게 공평한 법을 제정하고 그 법이 공평하게 적용되도록 할 뿐 아니라 모든 사람이

공평한 기회를 얻을 수 있도록 노력해야 한다. 그러기 위해서는 모든 사람이 같은 선상에서 출발하지 않는다는 점을 솔직히 인정해야 해야 한다(레 19:15-18, 35-36; 신 16:19-20; 시 72:4; 잠 13:23; 20:23).

· 억울하게 당한 사람들이 회복되도록 애쓰라(출 21:33-22:15, 25-27; 민 5:5-10; 눅 19:1-10).[4]

· 원수를 사랑하고 복수는 하나님께 맡기라(마 5:43-48; 롬 12:19-21).


정의와 자비를 행하기 위한 방법은 위의 목록이 전부가 아니다. 위의 목록은 단지 예수님의 사랑으로 변화된 삶에서 흘러나오는 정의와 자비가 어떤 것인지를 보여 주는 하나의 예시일 뿐이다.


### 마리사(Marisa)

정의를 행하는 것이 무엇인지에 관해 생각하다 보면 수많은 이름이 떠오른다. 그 이름들 중 하나는 마리사다.

마리사는 뇌성마비에 걸려 하루 종일 휠체어에서 생활한다. 마리사가 처음 우리 교회의 문턱을 넘었을 때 우리 교인들은 그녀를 가족으로 환영해 주고 모든 필요를 정성껏 돌봐 주었다. 무엇보다도 우리는 그녀에게 가장 깊은 필요를 채워 줄 수 있는 분을 소개해 주었다. 그녀가 세례를 받던 날을 잊을 수 없다. 그녀는 물속에서 한 교인의 팔에 안긴 채 교인들에게 이런 간증을 했다.

"한때는 교회에 가기가 죽기보다 싫었어요. 교회에 가면 언제나 외면을 당했거든요. 하지만 이 교회에 와서는 달라졌어요. 처음 이 교회에 왔을 때 저는 열세 살이었어요. 그때 또래 아이들과 캠프에 가고 싶었어요. 한 아이가 불편하지 않게 도와줄 테니 함께 가자고 했지요. 그 캠프에서 제 인생이 변했어요. 교회에서 남들이 저를 받아 주는 느낌을 받기는 그때가 처음이었어요. 다들 정말로 저를 원하는 것 같았어요. 우리는 함께 기도하고 예배하고 즐겼지요. 그 캠프에서 예수님을 영접했어요. 그렇다고 삶이 더 쉬워진 건 아니에요. 휠체어를 타고 학교에 가면 친구들에게 따돌림을 당했지요. 예수님을 전하려고 하면 따돌림이 더 심해졌어요. 그래서 학교에는 친구가 없었어요. 하지만 여기 교회에는 저를 사랑하는 가족이 있었지요."

마리사는 예배에 참석할 때마다 휠체어를 끌고 맨 앞자리로 와서 큰 소리로 찬양을 부르고 하나님의 말씀에 온 신경을 집중한다. 마리사가 참석한 예배의 설교 오디오 파일들을 들어보면 매번 맨 앞자리에서 "아멘"이라고 외치는 소리를 들을 수 있다. 바로 그녀의 목소리다.

장애인들과 그 가족들을 위해 정의를 행하고 자비를 베푸는 것이 바로 예수님을 따르는 것이다.

### 하비브(Habib)

정의를 행하는 것에 관해 생각할 때마다 하비브라는 거류민이 떠오른다. 성경에서 거류민이라는 단어는 '이민자'로 번역할 수 있고, '난민'과 비슷하다. 거류민은 가족과 고향에서 벗어나 대개 열악한 처지에 있는 사람들이다. 그들은 현재 살고 있는 곳에서 사람들의 도움을 필요로 한다. 최근 몇 년 사이에 역사상 유례없는 난민 위기가 찾아왔다. 무려 8천만 명 이상의 사람들이 강제 혹은 반강제로 고향을 떠나 위험에 처했다.[5] 하비브도 그런 사람들 중 한 명이다.

대부분의 미국인은 난민 문제에 별로 관심을 기울이지 않는다. 그나마 관심을 가지는 사람들은 난민들을 받아들여야 할지에 관한 정치적인 논쟁에만 몰두할 뿐이다. 수백만 명의 고통을 우리 자신의 권리나 직업이나 생활 방식의 불편함 때문에 논쟁으로 변질시키는 것은 이기주의의 분명한 증거이다. 이 점에서 미국 교회도 별반 다르지 않다. 조사 결과에 따르면 특별히 백인 복음주의자들이 난민을 받아들이는 데 가장 심한 거부감을 보이고 있다.[6]

다행히도 하비브의 이야기는 다르다. 하비브는 태어날 때부터 난민이었다. 그의 아버지는 이스라엘에서 폭력을 피해 도망쳤고, 우여곡절 끝에 이라크에 도착했다. 거기서 그는 아내를 만났고, 아내가 임신 8개월 즈음 되었을 때 이들은 무장단체를 피해 요르단으로 도망쳤다. 거기서 한 회교 사원에 숨어 아기를 출산했다. 결국 그들은 이라크와 시리아 국경의 혹독한 사막에서 어느 난민 캠프에 이르렀다. 거기서 6년을 살다가 미국으로 건너왔다. 한 교회 교인들이 그들을 공항에서 맞아 주었고, 그들이 일자리를 얻고 아이들을 학교에 보낼 수 있도록 도움을 주었다. 하지만 그 교인들은 단순히 그들에게 먹고살 일자리와 아이들의 교육에 관한 도움만 주지 않았다. 그들은 무엇보다도 그리스도의 사랑을 전해 주었다. 예수님의 제자들이 실천한 정의 덕분에 이 가족은 하나님의 은혜로 복음을 알게 되었다.

거류민들을 위해 정의를 행하고 자비를 베푸는 것이 바로 예수님을 따르는 것이다.

### 랜디(Randy)와 코트니(Courtney)

기독교 문화에 자신의 정체성을 두는 명목상 기독교는 랜디와 코트니의 30년 인생에서 그리스도 안에서의 참된 삶을 앗아 갔다. 감사하게도 하나님은 그들을 명목상 기독교에서 구해 내셨다. 내가 룻기를 본문으로 설교하던 중 숨은 죄에 단단히 속박되어 있던 코트니는 다음과 같은 하나님의 음성을 거의 귀로 듣듯이 생생하게 느꼈다. "너를 사랑한단다." 그녀가 하나님의 사랑에 응답하여 예수님을 영접하자 그분은 그녀와 랜디에게 하나님의 연민을 가득 불어넣으셨다. 오래지 않아 그 연민은 집에서 나오기 힘든 사람들, 특히 과부들을 돌보려는 마음으로 표현되었다. 랜디는 직업이 전기기사이고 코트니는 전문간호사다. 그래서 두 사람은 야고보서 1장 27절의 명령을 그대로 따를 길을 모색하기 시작했다. "과부를 그 환난 중에 돌보고(방문하고)."

물론 고아와 과부를 방문하라는 성경의 명령은 가끔 찾아가 인사나 하라는 뜻이 아니다. 야고보서 1장 27절에서 '방문하다'(visit)에 해당하는 단어는 하나님이 그분의 백성들을 돕고 회복시키고 강하게 하고 격려하기 위해 직접 방문하시는 것을 표현할 때 사용되는 단어이다. 과부를 방문한다는 것은 그들의 행복에 대한 깊은 관심과 그들의 필요를 채워 주겠다는 분명한 의지를 갖고 찾아가는 것을 의미한다. 그들을 사랑해 주기 위해 자신이 가진 모든 것을 사용한다는 뜻이다.

바로 이것이 랜디와 코트니가 한 일이다. 나아가 그들은 그 일에 다른 사람까지 동원했다. 이제 그들은 주말, 그리고 주중에도 몇 번씩 과부들의 집을 찾아가 지극히 사소해 보이지만 더없이 귀한 섬김을 실천한다. 그들은 전구를 갈아 주고, 배관을 고쳐 주고, 휠체어 경사판을 설치하고, 화장실을 청소하고, 기저귀를 갈아 주고, 약을 배달해 준다. 그들은 이 과부들이 마지막 숨을 거두는 순간까지 곁을 지켜 줄 참이다.

랜디와 코트니에게 도움을 받았던 사람들의 말을 들어보라.

- "랜디와 코트니는 내 친구들이에요. 아니, 내 가족이죠. 하나님이 나를 격려하고 도우라고 두 사람을 보내 주신 것이 분명해요. 가끔 하나님께 두 사람이 진짜 사람 맞느냐고 묻곤 해요. 하나님이 나를 돌보라고 천사를 보내 주신 것 같아요. 두 사람은 나와 함께 기도해 주고, 집안일을 거들어 줘요. 수시로 찾아와서 내가 잘 있는지 살피고 가죠. 먹을 것도 갖다 주고요. 성경책도 읽어 준답니다. 나를 사랑하는 마음을 분명히 느낄 수 있어요. 두 사람을 보내 주신 하나님께 감사해서 눈물이 날

때가 많아요.”

- “예수님을 보면 랜디와 코트니가 나를 돕고 섬기고 돌봐 주기 위해서 한 일을 다 말씀드릴 거예요.”

- “20년 넘게 친구 한 명 없이 지냈지요. 그런 저에게 랜디와 코트니는 친구가 되어 주었어요. 두 사람은 나 같은 사람들에게 자비를 베푸는 데 일생을 바친 사람들이랍니다. 두 사람을 보면 마치 예수님을 보는 것 같아요.”

바로 위의 말을 한 여성은 장애를 가진 노인이었는데 최근 주님의 곁으로 갔다. 그녀는 친구 코트니의 손을 꼭 잡은 채 편안하게 눈을 감았다.

과부들을 위해 정의를 행하고 자비를 베푸는 것이 바로 예수님을 따르는 것이다.

### 패트리샤(Patricia)

마지막으로 패트리샤와 그녀의 아이들을 소개한다. 나는 교인 두 명과 함께 밖에서는 초라해 보이지만 실제로 들어가 보면 꽤 좋은 방 네 개가 있는 집으로 패트리샤를 찾아갔다. 그곳은 꽤 살기 좋은 동네였다. 우리가 교회에서 온 것을 알아본 패트리샤는 미소를 지으며 우리를 집 안으로 안내했다. 그녀는 한 살쯤 된 아기를 안고 있었다. 그녀는 우리가 가져온 식료품을 주방에 놓고 나서 거실의 낡은 의자들을 권했다. 우리가 앉자 그녀가 이야기 보따리를 풀어놓았다.

패트리샤는 남편이 마약 판매상에게 죽임을 당한 뒤 최근 엘살바도르에서 미국으로 도망친 과정을 어눌한 영어로 설명했다. 그녀의 부모는 그녀가 고향에 머무는 것이 더 이상 안전하지 않다는 판단에 따라 가진 돈을 전부 보태서 그녀와 아이들을 미국으로 보냈다. 그렇게 그녀는 두 아들과 함께 미국으로 건너왔고, 무릎 위에 앉힌 아기가 두 아들 중 한 명이었다. 다른 아들은 심각한 육체적 장애로 계단을 내려오기는커녕 걷기도 힘들어서 위층의 자기 방에 있다고 했다.

애처로운 이야기였다. 그런데 이야기는 거기서 끝이 아니었다. 그때까지만 해도 나는 패트리샤와 두 아들만 그 집에서 살고 있는 줄 알았다. 하지만 패트리샤는 그 집에서 방 한 칸만 임대해서 살고 있다고 설명했다. 다른 방들은 다른 세 가족이 임대해서 사용하고 있었다. 모두들 막노동으로 하루하루 살기에 빠듯해서 주택이나 아파트 하나를 통째로 빌릴 여력이 없었다. 그래서 그들은 서로가 위험하지 않은 존재이기를 바라며 낯선 이들과 집을 나누어 살고 있었다.

패트리샤가 다른 가족들과 나눠 쓰고 있는 집을 방문하고 나니 우리 집에 태어난 아이가 그녀의 아이들보다 훨씬 더 좋은 조건에서 삶을 시작했다는 사실을 부인할 수 없었다. 안정적인 수입을 얻는 엄마 아빠가 있고 보험을 통해 세계 최고의 의료 서비스를 받고 양질의 교육을 받을 수 있는 것은 보통 큰 이점이 아니다. 이런 사실을 생각할 때 이렇게 물을 수밖에 없다. 정의를 행하고 자비를 베푼다면 패트리샤의 아이들에게 공평한 기회를 제공하기 위해 노력해야 하지 않을까?

내가 패트리샤 가족과 같은 사람들을 돕는 일에 관한 이야기를 나누면 돕겠다며 발 벗고 나서는 이들이 있는가 하면 내가 일종의 기독교 사회주의를 선동하고 있다고 주장하는 이들도 있다. 하지만 모든 아이와 가족들, 특히 매우 열악한 조건에서 사는 이들의 권리와 기회를 보호하고 증진시키기 위해 노력하는 것이야말로 정의와 자비를 행하는 것이라고 말할 수 있지 않은가?

이런 말에 반대하는 이들이 있을 것이다. 하지만 이번에도 많은 크리스천이 낙태에 관해서 어떻게 생각하는지를 고려해 보라. 우리는 적지 않은 태아들이 그 어느 것보다 더 큰 위험에 처해 있다는 사실을 안다. 그래서 우리는 예외 없이 모든 태아들이 무사히 이 세상에 태어나 잘 살아가도록 공평한 기회를 제공하기 위해 애를 쓴다. 그렇다면 왜 태어나지 않은 아이들을 위해서만 노력하고, 일단 그 아이가 태어난 뒤에는 신경을 쓰지 않는가? 분명 그것은 불의요 불합리한 일이다. 우리는 태중에 있는 아이들만이 아니라 태 밖으로 나온 아이들도 돌봐야 한다. 태중의 아이가 귀한 것처럼 가난한 아이들을 위해서도 관심을 가져야 한다. 아이들이 태어나서 처음 아홉 달만이 아니라 평생 잘 살도록 도와야 한다. 그리고 그들의 부모들도 출산 이전이나 이후나 잘 살아가도록 돌봐 주어야 한다.

열악한 환경에 처해 있는 한 부모와 아이들, 가족들을 위해 정의를 행하고 자비를 베푸는 것이 바로 예수님을 따르는 것이다.

## 우리의 이야기는 어떻게 될까?

이 타락한 세상에는 정의와 사랑과 자비를 행할 기회가 곳곳에 있다. 최근 나는 댈러스와 포트워스 지역의 인신매매와 싸우기 위해 아웃리치 팀을 구성한 15세 소녀를 격려하기 위해 짧은 동영상을 제작했다. 그 동영상을 녹화하고 나서 몇 분 뒤 나는 우리 교회의 한 부부에게서 최근 갓 태어난 여자 아이를 입양할 뿐 아니라 그 아이의 생모와 좋은 관계를 맺게 되었다는 이야기를 들었다. 내 메일함에는 얼마 전 여섯 살 짜리 소녀가 총에 맞아 사망한 한 빈민가에 교회를 개척한 친구의 메시지가 들어 있다. 이 친구와 그의 교인들은 하루도 빠짐없이 그 빈민가의 거리로 나가 복음을 전하고 하나님의 사랑을 나눈다. 그리고 오늘 나는 핍박받는 여성들과 아이들에게 읽는 법을 가르치는 한 파키스탄 여성과 이야기를 나누었다.

개인적으로 정의를 행할 기회 외에도 우리 주변의 시스템과 구조 속에서 함께 정의를 위해 노력할 기회도 수없이 많다. 이 부분에서 지 박사와 나오미는 실로 존경스럽다. 이 부부는 멋진 두 남자아이를 가족으로 맞아들였다. 한 아이와는 지난주에 5킬로미터 달리기를 했는데, 거우 일곱 살짜리 아이를 따라갈 수가 없었다! 이 달리기는 지 박사와 나오미가 고아들을 돕기 위한 지역 사회 전체의 모금 행사로 기획한 것이다. 아울러 이 행사를 통해 고아 문제의 근본 원인들을 다루기 위한 정책과 행동의 필요성을 대중에게 알렸다.

이번 장의 첫머리에서 내가 부랑아들의 한가운데에서 나오미와 함께 서 있었던 이야기를 기억하는가? 나오미는 그날 한 소년이 쓰레기통을 뒤져 음식물 쓰레기를 먹던 모습을 생생하게 기억하고 있다. 그날 밤 그녀는 호텔로 돌아와 바닥에 엎드려 그 아이와 같은 이들을 돕기 위해서 어떻게 해야 하냐고 하나님께 물었다. 그 기도는 예수님의 이름으로 아이들에게 음식을 제공하는 방과 후 프로그램으로 이어졌다. 문득 이런 생각이 든다. 우리 모두가 세상의 불의에 이렇게 반응하면 어떤 일이 벌어질까? 우리가 불의를 보고도 아무렇지 않게 살아가는 대신, 하나님 앞에 엎드려 "이 일에 관해서 제가 무엇을 하기를 원하십니까?"라고 묻는 습관을 기른다면 어떤 일이 벌어질까? 그렇게 한다면 개인적으로 그리고 공동체 차원에서 정의를 행할 기회의 문이 수없이 열릴 것이다.

물론 많은 크리스천이 이런 문이 열려도 거들떠보지 않고 불의를 방관해 왔다(심지어 조장해 왔다). 이것이 수많은 사람이 교회에게 환멸과 의문을 품고 있는 이유다. 우리는 불의를 무시하고 권력을 남용하고 자기 보호에 열을 올리고 악을 눈감아 주는 이 나라의 교회들과 교회 리더들과 성도들이 일으킨 파괴를 목도해 왔다. 다음 세대들은 교회 안에서 이런 불의를 본 까닭에 정의와 자비를 슬프게도 세상에서 찾고 있다.

하지만 우리의 이야기가 이렇게 끝날 필요는 없다. 교회의 역사를 돌아보면 부끄러운 흠과 실패 속에서도 정의와 자비의 행위들이 환하게 빛나고 있다. 1세기 교회는 가난한 이들을 어찌나 지극정성으로 돌보았던지 "그 중에 가난한 사람이 없으니"(행 4:34). 이후 수세기 동안 크리스천들은 로마 제국에서 유아 살해, 아동 학대, 낙태가 법적으로 금지되도록 만들었다. 교회는 야만적인 검투사 경기를 근절시키고, 교도소 개혁을 추진하고, 범죄자들의 잔인한 형벌을 없애고, 아동 성애자를 벌하고, 일부다처제를 금하고, 가난한 자들에게 교육의 길을 열어 주고, 병자들을 위한 병원을 세우는 일에 앞장섰다.

정의를 위한 교회의 노력은 전 세계에서 계속되었다. 크리스천들은 복음을 선포하면서 인도에서 과부가 남편과 함께 산 채로 화장을 당하는 일을 금지시키고 중국에서 어린 소녀들의 발을 묶는 고통스러운 관행을 종식시켰다. 잉글랜드에서 윌리엄 윌버포스(William Wilberforce)는 노예 무역 폐지를 위해 싸웠고, 미국에서 흑인 교회는 공민권을 위해 싸웠다. 교회사 내내 많은 믿음의 자손들은 예수 그리스도의 복음을 굳게 부여잡은 채 정의를 행하고 자비를 보여 주었다. 하나님은 우리를 바로 이런 모습으로 설계하셨고, 이런 일을 행하도록 부르셨다.

물론 역사 속에는 교회가 예수님의 이름으로 해를 끼친 이야기들이 숱하게 등장한다. 예를 들어, 식민지주의 선교 전략 혹은 무지와 몰이해에서 비롯한 다양한 선교 활동은 안타까운 결과를 낳았다. 우리는 이런 과거를 되풀이하지 말아야 한다. 하지만 그렇다고 해서 이곳과 세계 곳곳에서 복음을 선포하고 정의를 행하는 일의 유익을 과소평가하지는 말아야 한다.

사회학자 로버트 우드베리(Robert Woodberry)는 기독교 선교사들이 다른 나라들의 건강에 미치는 영향에 관해서 십 년 동안 연구를 진행했다. 그 결과가 어찌나 놀라웠던지 그는 '원자 폭탄'이라는 표현까지 사용했다. 그는 "선교사들의 사역이 … 나라들의 건강을 보장하는, 단연 가장 큰 요인이다"라는 결론을 내렸다. 이 얼마나 놀라운 말인가. 우드베리는 자신이 발견한 사실을 다음과 같이 정리했다.

> "과거에 개신교 선교사들이 큰 영향을 미친 지역들은 대개 오늘날 경제적으로 더 발전해 있다. 건강 수준은 상대적으로 높아지고 유아 사망률은 낮아졌다. 부패와 문맹률은 줄어들고 (특히 여성들의) 교육 수준은 높아졌다. 비영리 단체들이 탄탄해졌다."[7]

복음의 능력을 믿는 이들에게 우드베리의 결론은 전혀 뜻밖이 아니다. 우리는 예수 그리스도의 복음을 선포하는 동시에 그 복음에 따라 살고 사랑하면 그 복음이 인생들과 가족들과 국가들을 변화시킨다는 사실을 분명히 안다.

그러므로 좋은 삶을 경험하도록 하자. 정의를 행하고 사랑을 베풀고 우리 하나님의 뜻을 겸손히 행하자. 고아들을 품에 안고, 우리 지역의 과부들을 돕고, 국경에서 난민들을 섬기고, 이민자들을 집에 초대하고, 성 노예들을 인신매매범들에게서 구해 내고, 교도소를 찾아가고, 학대 피해자들을 돌보고, 원치 않는 임신으로 힘들어하는 이들의 곁을 지켜 주자. 이 외에도 하나님의 성품과 성경의 가르침에 비추어 옳고 사람들에게 유익한 많은 일을 행하자. 그리고 그런 일을 행하는 내내, 수십억 명이 아직 예수님에 관한 복된 소식을 듣지 못한 이 세상 속에서 예수님의 이름이 칭송받도록 하자.

4

편견에서 용납으로

# 피부색이 아닌 예수님에게서
## 정체성을 찾으라

아내와 첫 데이트를 하던 날이 어제 일처럼 생생하게 기억난다.

내 어릴 적 고향집에서 불과 십 분밖에 떨어지지 않은 곳에 있는 스톤 마운틴 공원(Stone Mountain Park)은 노출된 화강암 덩어리 중에서 세계 최대 규모이다. 말 그대로 돌산이다. 그 높이는 약 500미터이며 둘레는 8킬로미터이다. 이 산은 조지아주에서 가장 인기 있는 관광지 중 하나다.

여름에는 밤마다 이 공원에서 레이저 쇼가 펼쳐진다. 해가 지기 몇 시간 전, 수많은 나들이객이 산 아래 풀밭에 의자와 돗자리를 편다. 해가 지고 첫 번째 별이 나타나면 갑자기 스피커에서 시끄러운 음악이 나오고 형형색색의 레이저가 말을 탄 세 군인이 새겨진 산 측면을 비춘다. 이 조각상은 높이가 9층 건물, 너비가 19층 건물에 해당할 정도로 거대하다. 세계에서 가장 큰 암석 조각물이다.

스톤 마운틴 공원은 고교 시절 나의 첫 데이트 장소였다.

인파 속에서 풀밭 위를 거닐며 산의 측면을 올려다보다가 문득 용기를 내어 처음으로 아내의 손을 잡았다.

그런데 이 상황 속에는 큰 아이러니가 숨겨져 있었다. 그날 밤 스톤 마운틴의 풀밭에서 나의 개인적인 역사가 이루어졌지만, 나는 눈앞의 바위에 새겨진 더 큰 역사를 완전히 놓치고 있었다. 나는 이 거대한 돌산을 수도 없이 올라 레이저쇼를 구경했다. 이 산은 내 삶 속의 수많은 이야기가 펼쳐진 배경이었다. 하지만 이 산의 의미를 진지하게 고민해 본 기억은 전혀 없다. 조금만 관심을 가졌더라면 이 산과 그 측면의 조각상이 백인 우월주의자들의 거대한 기념물이라는 사실을 알았을 것이다.

한때 미국 남부의 백인우월주의 비밀결사 단체인 KKK(Ku Klux Klan, 쿠 클럭스 클랜)의 리더가 소유했던 스톤 마운틴 공원은 "KKK 회원들의 성지"로 여겨졌다.[1] 내가 그 산 아래에 앉기 오래 전에 사람들은 산꼭대기에 제단을 쌓고 그 위에 남부 연합 국기를 덮은 뒤 성경을 읽고 십자가들을 불태우는 등 공포 행위를 일삼았다. 그들은 이곳을 백인들이 흑인 노예를 소유할 권리를 쟁취하기 위한 기념물로 삼았다. 이것이 산에 거대한 세 군인이 조각된 이유다. 이 조각상은 남부 연합의 지도자들로, 남부연합 대통령이었던 제퍼슨 데이비스

(Jefferson Davis)와 남부군을 이끌었던 로버트 리(Robert E. Lee)와 스톤월 잭슨(Stonewall Jackson) 장군이다.

이 조각물의 기획과 자금 조달을 진두지휘했던 헬렌 플레인(Helen Plane)은 미국남부여성연합회(United Daughters of the Confederacy)의 창립 멤버였다. KKK의 멤버이기도 했던 플레인은 조각가에게 쓴 편지에서 자신의 목표를 분명히 밝혔다. "우리를 흑인과 걸인의 지배에서 구해 준 KKK를 스톤 마운틴에서 불멸하게 만들어야 마땅하다고 생각합니다."[2] 흑인들에 대한 권리를 주장하는 공민권 운동의 부상과 더불어 반대로 남부 지도자를 격상시키는 화강암 조각상에 대한 지원이 증가했고, 에이브러햄 링컨이 암살된 지 100년이 지난 1965년 4월 14일에 스톤 마운틴 공원은 공식적으로 개장했다.[3]

이런 이야기 때문에 그날 밤 처음 아내의 손을 잡으면서 자라기 시작한 사랑이 조금이라도 식을 수 있을까? 전혀 아니다. 내가 KKK에 참여한 적이 있을까? 전혀 아니다. 내가 1700년대 중반에 노예를 소유하거나 1800년대 중반에 노예 제도 유지를 위해 싸우거나 1900년대 중반에 공민권을 반대하는 목소리를 높였을까? 전혀 아니다.

그렇다면 내가 미국의 인종 차별의 역사를 알 책임이 있을까? 내 주변 어디에 인종 차별의 정신이 스며들어 있는지를 이해하려고 노력할 책임이 있을까? 인종 차별이 내 나라의 사람들에게 어떤 영향을 미치고 있는지 알려고 노력할 책임이 있을까? 특히 교회 안에서 이 해로운 과거의 인종주의가 재현되지 않도록 애써야 할 책임이 있을까? 물론이다. 하지만 나는 오랫동안 이 책임을 제대로 감당하지 못했다.

나는 KKK의 성지로 소풍을 다니며 자랐다. 누구도 내게 그곳이 그러한 곳이라는 사실을 말해 주지 않았고, 나 스스로 시간을 내서 알아보지도 않았다. 학교를 졸업한 뒤에는 미국 남부로 여행을 다니고, 교회들에서 설교하며, 유명한 사역 기관들에서 섬기게 되었다. 그런데 내가 섬긴 사람들과 동역한 목사들은 대부분 백인이었다. 하지만 나는 그 이유를 궁금하게 여기지 않았다. 그리고 뒤에 가서 자세히 설명하겠지만, 그 시절에 나는 과거의 인종 차별에 무관심할 뿐 아니라 그 차별이 현재에도 유지되는 데 일조하고 있었다.

분명 나만 그런 것은 아닐 터이다. 신앙을 고백하는 크리스천들은 미국 역사 내내 인종 차별을 자행해 왔고, 지금도 지속되고 있다. 그로 인해 '그리스도의 몸'은 미국 사회에서 인종적으로 가장 분리된 기관 중 하나가 되어 버렸다. 이 상황은 바뀌어야 하며, 성경적인 복음에 따라 살면 변화가 가능하다.

　노예들을 소유하고 고문한 '크리스천' 주인들, '기독교' 십
자가들이 불타는 곳 옆에서 벌어지는 폭력과 살인, 공민권
을 지지하지 않고 심지어 인종 차별을 인정한 '크리스천' 리더
들, '크리스천' 교회들 속에서 계속되고 있는 인종적 분열….
이런 상황을 낳은 아메리칸 복음을 제거하려면 꽤 오랜 시간
이 걸릴 것이다. 수세기 동안 아메리칸 복음은 단 하나의 피
부색을 옹호하고 다른 피부색을 가진 이들을 희생시켜 왔다.
이 순간, 성경적인 복음은 분열의 담을 허물고 우리가 역사
속에서 경험해 왔던 것보다 더 아름다운 교회의 모습을 일구
라고 촉구하고 있다.


## 말을 돌처럼 던지다

　이 이야기를 계속하기 전에 독자들에게 이해를 간곡히 부
탁하고 싶다. 인종 문제를 다루는 것은 감정적, 지적, 영적,
그리고 매우 개인적인 지뢰의 밭을 통과하는 것과도 비슷하
다. 내가 이 책을 읽을 사람들을 다 알 수는 없지만 그 모든
사람이 각자 자신만의 시각과 경험을 갖고 있다는 사실만큼
은 안다. 이 주제에 관한 나의 모든 글은 누군가에게 불편할

수도 있다. 아마 내가 피부색에 따라 사람들을 구분하고 있다는 사실 자체에 이미 기분이 상한 독자들이 있을 것이다.

누군가의 심기를 건드릴 생각은 전혀 없다(하지만 하나님이 직접적으로 심기를 건드리시는 것은 정말 좋은 일이다). 단지 나는 성경적인 복음이 특히 미국 교회 안에서 인종에 대한 시각을 극적으로 변화시킬 수 있으며 나 자신을 포함해서 우리 모두가 이런 변화를 절실히 필요로 한다는 점을 탐구하고 싶을 뿐이다.

이 책이 과거와 현재 미국과 교회 내 흑백 차별에 초점을 맞추고 있다는 점도 밝힌다. 하지만 앞서 말했듯이 우리 교회는 100개국 이상에서 온 사람들로 이루어져 있다. 남미계나 아시아계, 미국 원주민을 비롯한 다양한 형제자매가 미국과 교회 내에서 경험하는 독특한 문제들을 과소평가할 생각은 전혀 없다. 여기서 우리가 복음으로 흑백의 분열을 다루면서 모든 인종의 문제들을 이겨 내는 복음의 힘을 보게 되기를 원한다.

내 개인적인 경험으로 볼 때, 인종에 관한 글을 쓰거나 발언을 하는 순간 소셜 미디어나 신도석 혹은 주변 사람들로부터 꼬리표가 마치 돌처럼 날아온다. 상대방에게 해를 끼칠 의도 없이 돌을 던지는 사람은 거의 없다. 나 자신을 변호하려고 하는 말은 아니지만, 하나님을 경외하고 복음을 사랑하는 많은 사람이 '깨어 있는 진보주의자'(woke progressives)나 '문화적 마르크스주의자'(cultural Marxists)로 매도되는 모습에 슬픔을 금할 수 없다. 비난하는 무리들은 합리적인 근거도 없이 개인과 가족과 교회를 모독하면서 실질적인 해를 끼치고 있다.

나아가서 이처럼 꼬리표를 붙이는 전략은 새로운 것이 아니다. 역사 내내 이런 전략은 남들에게 큰 해를 끼쳐 왔다. 1850년에 "검둥이들에게 종교적인 교육을 하기 위한" 새로운 건물을 개장하는 행사에서 저명한 크리스천 리더이자 노예제도 지지자였던 제임스 손웰(James Thornwell)은 "찰스턴(미국 남동부 도시) 지역의 지적이고 존경스러운 시민의 큰 무리(남부의 크리스천 노예 주인들) 앞에서" 설교를 전했다.[4] 그는 인종 정의(구체적으로는 노예들의 자유)를 위해 싸우는 이들을 '사회주의자들'이요 '공산주의자들'로 취급하는 당시 교회의 전형적인 시각을 보여 주었다. 나중에 대중에게 공개된 그의 말을 들어 보라.

　　　"이것들은 왕좌를 뿌리째 흔드는 질문입니다. 지진처럼 대중을 혼란시키고 이 연방의 견고한 기둥들을 뒤흔드는 질문입니다. 이 갈등의 당사자들은 단순히 노예제도 폐지론자들과 노예 소유자들이 아닙니다. 한쪽은 무신론자요 사회주의자이며 공산주의자요 붉은 공화당원(당시 노예제도에 반대하는 당)이고, 다른 한쪽은 질서와 적절한 자유의 친구들입니다. 한마디로 세상은 전쟁터입니다. 기독교와 무신론이 싸우고 있고 인류의 진보가 걸려 있습니다."[5]

다시 말해, 이 크리스천 리더는 인종 정의를 위해 싸우는 이들이 미국 사회의 기초를 뒤흔들고 기독교의 핵심인 복음에 반대하고 있다고 말했다. 왠지 많이 들어 본 소리 아닌가?

1세기 뒤에도 교회 리더들은 마틴 루터 킹 주니어(Martin Luther King Jr.)를 비롯하여 (목사들을 포함한) 흑인들을 위한 공민권 운동가들에게 '공산주의자'와 '사회주의자', '마르크스주의자'라는 꼬리표를 붙였다. 나중에 미국 장로교회 서기가 된 모턴 스미스(Morton Smith) 박사는 동료 장로교 목사가 '인종차별에 대한 성경의 반대'에 관해서 쓴 글을 다음과 같이 비판했다.

"오늘날 그토록 많은 사람들이 공산주의의 영향력을 느끼는 것은 그 목표가 마르크스주의 철학과 동일하기 때문이다. 즉 그 목표는 차이를 없애서 모두 동일하게 만드는 것이다. 처음에 공산당이 미국 흑인 운동을 시작하거나 후원한 것은 아니지만, 이 운동이 공산주의자들의 손아귀에 놀아나고 있는 것은 분명하다. 특히 시민 불복종을 조장하고 도시나 주나 국가의 법과 질서를 위협할 때 그렇다. 이 무질서가 계속되면 공산주의자들이나 다른 압제자들이 이 상황 속에 개입하여 우리나라에 대한 통제권을 움켜쥘 수도 있다."[6]

오늘날 인종적 불의라는 주제가 대두될 때마다 크리스천들과 교회 리더들이 비슷한 꼬리표를 사용하는 것도 무리는 아니다. 이런 오래된 전술 앞에서 우리는 하나님의 백성이 역사 내내 해온 일을 하고, 겸손한 자세로 성경을 펴서 하나님이 하시는 말씀을 보아야 한다. 그럴 때 복음을 통한 하나님의 인도하심을 발견할 것이다. 그분의 인도하심이면 다른 미래로 가기에 충분하고도 넘친다.

## 성경 속의 인종과 인종불문주의

일단 하나님은 세상 문화처럼 성경 속에서 피부색과 머릿결 같은 육체적 특징으로 여러 '인종'을 정의하시지 않는다. 하나님은 그분의 형상을 따라 모든 사람을 '하나의 인류'로서 동등하고 경이롭게 창조하셨을 뿐이다.

그렇다고 해서 하나님의 눈에 사람들이 서로 다르지 않다는 뜻은 아니다. 성경은 우리가 하나의 인류이면서도 생김새와 말투와 인종에서 천차만별이라고 가르친다. 성경의 기록에 따르면 인류의 타락과 대홍수 이후, 다양한 부족이 서로 멀리 떨어진 땅에서 각자의 나라를 이루어 서로 다른 언어를 사용했다. 다른 육체적 특징과 사회적 패턴을 가진 다양한 인종 집단이 세상에 나타났다. 각 집단은 하나님의 형상을 품은 자라는 기본적이고도 아름다운 연합을 유지하면서도 놀라운 다양성을 보여 주었다.

이런 성경적인 현실은 우리가 인종 간 차이를 무시하거나 없애려고 하지 않도록 조심해야 하는 이유다. 바울은 갈라디아서 3장 28절에서 이렇게 말한다. "너희는 유대인이나 헬라인이나 종이나 자유인이나 남자나 여자나 다 그리스도 예수 안에서 하나이니라." 이는 '유대인이나 헬라인 같은 것은 없다. 그리스도 안에서 너희의 유산은 다 과거의 유물일 뿐이다'라는 말이 아니다. '남성과 여성 같은 것은 없다. 그리스도 안에서 너희의 성은 더 이상 중요하지 않다. 아니, 성 따위는 더 이상 존재하지도 않는다'라는 말도 아니다. 이는 우리가 그리스도 안에서 연합했고 누구도 남들보다 더 귀하지 않다는 말이다. 그 어떤 유대인도 헬라인보다 더 귀하지 않다(반대 경우도 마찬가지이다). 그 어떤 남성도 여성보다 더 귀하지 않다(반대 경우도 마찬가지이다). 우리는 우리의 다양성을 하나님의 시각으로 보아야 한다. 하나님의 눈에 우리의 다양성은 창의적이신 우리 창조주의 영광을 보여 주는 아름다운 그림이다.

분명 이렇게 주장할 사람이 있을 것이다. "나는 인종을 따지지 않는다. 나는 사람들의 피부색을 보지 않는다. 누구나 다 그래야 한다." 실제로 마틴 루터 킹은 사람들이 '피부색이 아니라 인격의 내용으로'[7] 판단을 받는 미래를 꿈꾸었다. 그렇다면 인종을 구분하지 않는 것이 좋은 것일까?

하지만 인종 문제를 애써 무시하며 인종을 구분하지 않는 인종불문주의의 주장을 듣고 이렇게 질문하는 이들도 있다. "왜 나 자신의 정체성과 뿌리를 무시해야 하는가요? 민족의 역사가 내게 미친 영향을 왜 무시해야 하는가요? 나는 분명 이런 것의 영향을 크게 받았는데 말이에요." 인종불문주의는 역사와 뿌리의 중요한 부분을 과소평가하는 것처럼 비춰질 수 있다.

게다가 인종불문주의를 주장하면 창조 속에 나타난 하나

님의 창의성을 과소평가하고 하나님이 우리를 보시는 방식을 오해할 위험이 있다. 물론 하나님은 우리의 속을 보시며, 겉모습과 상관없이 우리 모두는 그분의 형상을 따라 경이롭고 동등하게 지음을 받은 존재다. 하지만 성경을 보면 하나님은 각 사람이 지닌 다른 배경과 다른 역사와 다른 피부색을 보신다.

흥미롭게도 천국에서도 우리는 모두 똑같이 생기지 않을 것이다. 요한계시록 7장 9-10절을 보면 알 수 있다.

> "이 일 후에 내가 보니 각 나라와 족속과 백성과 방언에서 아무도 능히 셀 수 없는 큰 무리가 나와 흰 옷을 입고 손에 종려 가지를 들고 보좌 앞과 어린 양 앞에 서서 큰 소리로 외쳐 이르되 구원하심이 보좌에 앉으신 우리 하나님과 어린 양에게 있도다 하니."

영원한 나라에서 우리는 세상에서 경험해 보지 못한 연합을 누리겠지만, 그곳에서도 우리의 다양성은 그대로 유지될 것이다.

## 편견에 빠지기 쉬운 우리

안타까운 현실은, 우리 모두가 타락한 세상 속에서 사는 죄 많은 인간인 탓에 우리와 다르게 생기거나 배경이 다른 사람들에게 편견을 품기 쉽다는 것이다. 자신 및 자신과 비슷한 사람들에 대한 자긍심은 이런 악한 편견을 낳는다. 이 편견 때문에 인류는 우리가 하나의 인류로서 가지는 공통된 존엄성을 거부하고 피부색, 머릿결, 얼굴과 몸의 특징들, 계급, 지역, 가문, 언어로 사람들의 부류를 나누게 되었다. 사람들은 때로는 의식적으로, 때로는 무의식적으로 이런 특징에 따라 각 집단에 특정한 가치를 부여한다(계급체제).

공동의 뿌리를 거부하고 여러 인종들의 계급체제를 고안하고 유지하는 것은 하나님 말씀에 직접적으로 반하는 행위이다. 이는 인종주의의 죄다. 이는 한 인종을 다른 인종들보다 가치 있게 혹은 무가치하게 여기는 것이다. 인종주의의 표현에는 한 인종을 다른 인종보다 가치 있게 여기는 생각, 감정, 말, 행동, 기대, 관계, 법, 정책, 절차, 시스템, 구조가 포함된다.

여기서 나는 일부러 '인종주의의 표현'(expressions of racism)이라는 말을 사용했다. 그것은 우리가 '인종주의자'(racist)란 단어를 제멋대로 사용하기 때문이다. 사람들이 다른 사람을

(대개 강한 어조로) 인종주의자라 비난한다. 그러면 비난을 받은 사람은 (대개 방어적이거나 분노한 어조로) 자신이 전혀 인종주의자가 아니라고 말한다. 많은 사람은 '인종주의자'란 말을 들으면 으레 KKK 혹은 짐 크로우 법(Jim Crow law)을 지지하는 사람으로 떠올린다. 그래서 사람들은 자신이 그런 행위를 거부하기 때문에 "나는 절대 인종주의자가 아니다!"라고 정색을 하며 발끈한다.

이런 기준대로라면 예수님의 모든 제자는 자신이 '인종주의자'가 아니라고 말할 것이다. 하지만 우리가 인종주의에 관한 대화를 피하는 것은 신음하는 형제자매들의 아픔을 모른 체하는 것일 뿐 아니라, 특히 미국에서 다양한 교회 식구들이 치유와 성장을 이루기 위해 꼭 필요한 자기반성의 길을 막는 것이다. 성경은 교만, 편견, 편파성 같은 마음속의 '모든' 죄에서 완벽히 자유로운 사람은 아무도 없다고 가르친다. 이것들은 '인종주의의 표현'의 뿌리에 있는 죄들이다.

누가 인종주의자이고 누가 인종주의자가 아닌지를 놓고 입씨름하지 말고 '인종주의의 표현'이 우리 안에 있을 수 있다는 점을 인정하자. 다른 모든 죄와 마찬가지로 이 죄는 명백히 드러날 수도 있고, 숨겨져 있을 수도 있다. 이 죄는 일관되게 나타날 수도 있고, 가끔 나타났다가 사라지기를 반복할 수도 있다. 이 죄는 의도적으로 지을 수도 있고 부지불식간에 지을 수도 있다. 이 죄는 개인에게서 나타날 수도 있고 집단에게서 나타날 수도 있다. 어떤 경우든, 성경은 죄인인 우리가 교만, 편파성, 편견에 빠지기 쉽다고 가르치며 그런 죄는 우리의 태도와 행동 속에서 인종주의의 다양한 표현을 낳을 수 있다.

'인종주의의 표현'들은 인류 역사 내내 다양하고도 끔찍한 모습으로 나타났다. 독일의 홀로코스트, 터키의 아르메니아 대학살, 르완다 대학살, 일본의 한국인과 중국인과 인도차이나인과 인도네시아인과 필리핀인 대학살, 중국에서 자행되고 있는 위구르족 핍박, 미얀마의 로힝야족 이슬람교도 핍박을 생각해 보라. 인종주의의 이런 표현은 한 인종이 다른 인종보다 우월하거나 열등하다는 생각에 뿌리를 두고 있다.

안타깝게도 미국도 이런 비극에서 자유롭지 못하다. 과거에 나타난 아메리칸 원주민 대학살과 아프리카 흑인 노예화가 그 증거들이다. 인종에 대한 비성경적인 관념에서 비롯한 도덕적 실패는 이외에도 많다. 2차세계대전 후 일본계 미국인 강제 수용, 아일랜드 이민자에 대한 차별, 짐 크로우 법 시행이 대표적인 예다.

누구나 인종주의의 더러운 과오로부터 멀리 떨어지기를

원한다. 하지만 같은 행동을 되풀이하지 않기 위해서는 최소한 우리가 인종주의를 낳는 죄에서 완전히 자유롭지 못하다는 점을 인정해야 한다. 물론 우리는 유태인을 멸절시켜야 한다고 생각하여 강제수용소로 보낸 적이 없다. 흑인 노예가 본래 열등한 인간이라고 생각하여 팔고 학대하고 때린 적이 없다. 하지만 우리의 죄성은 우리 안에 그런 죄를 짓게 만드는 개인적인 교만과 인종적인 편견이 도사리고 있다는 뜻이다. 야고보서 4장에 따르면 우리는 하나님 앞에서 교만하고 남들을 향해 편견을 품기 쉽다. 그런 교만과 편견은 이기주의, 시기, 다툼, 탐욕으로 이어진다. 우리는 피부색이나 문화, 유산, 역사, 사회적 지위가 나와 같은 사람들을 선호하는 성향을 품고 있다. 성경은 이런 성향이 단순히 우리와 다르다는 이유로 사람들을 무시하고 피하고 깔보고 경시하고 학대하게 만들 수 있다고 말한다. 누가복음 10장에 기록된 선한 사마리아인의 비유와 야고보서 2장에 기록된 교회의 차별에 대한 훈계를 기억하는가?

가장 위험한 것은 심지어 우리가 우리의 교만과 편파성과 편견을 지지하고 정당화하기 위해 성경을 사용할 수도 있다는 점이다. 이에 관한 소름 끼치는 증거는 인종적 동산 노예제를 옹호하는 (저명하고 다른 면에서는 많은 존경을 받은 교회 리더들을 포함한) 19세기 미국 크리스천들의 문서들에서 발견된다. 노예를 재산화하는 제도인 동산 노예제는 인간의 존엄성을 근본적으로 부정하고 하나님의 말씀을 철저히 악용하며 하나님의 성품을 지독하게 왜곡한 관행이었다. 수세기 동안 크리스천들은 하나님의 형상을 따라 창조된 사람들을 사고팔고 고문하고 모욕하는 행동을 정당화하기 위해 성경을 사용했다. 지금 우리가 성경을 이런 식으로 오용할 가능성이 없다고 생각한다면 어리석은 생각이다.

## 차별은 계속되고 있다

설령 우리의 마음이 완벽히 깨끗하다 해도(이생에서는 불가능한 일) 우리는 계속해서 사람마다 피부색에 따라 다른 혜택이나 불이익을 경험하는 나라에서 살고 있다. 물론 하나님의 은혜와 경건한 남녀의 용감한 행동 덕분에 인종적인 동산 노예제는 폐지되고 공민권법이 통과되었다. 그럼에도 분명한 인종차별이 여전히 존재함을 보여 주는 부인할 수 없는 통계들이 있다.

특별히 미국의 흑인과 백인에 관한 다음과 같은 사실을 생각해 보라.

- 흑인과 백인의 실직 비율은 여전히 약 2대1이다. 이 비율은 지난 50년 동안 꾸준히 유지되고 있다.[8]
- 흑인 가정들의 수입은 백인 가정들의 약 절반(순자산은 약 15-20퍼센트)이다. 이러한 소득 격차는 최근 몇 십 년간 오히려 계속해서 벌어져 왔다.[9]
- 흑인 아기들의 사망률은 백인 아기들보다 두 배나 높다.[10]
- 흑인 산모들의 출산 중 사망률은 백인 산모들보다 서너 배 높다.[11]
- 흑인 남성 청년들이 살해되는 사건은 백인 남성 청년들보다 7배나 높다.[12]
- 무고한 흑인이 억울하게 살인 누명을 쓰는 경우가 백인에 비해 7배나 높다. [13]
- 고등 교육을 받고 고액 연봉을 받고 범죄율이 낮은 부촌에 사는 비율은 백인이 흑인에 비해 크게 높다.[14]

여기서 짚고 넘어가야 할 점이 있다. 위의 통계들은 전반적인 상황을 보여 주는 것일 뿐이다. 흑인이면 무조건 가난하고 못 배웠다고 말할 생각은 전혀 없다. 내 흑인 형제자매들을 비방하거나 폄하할 생각도 전혀 없다. 반대로 모든 백인을 싸잡아서 매도할 생각도 전혀 없다. 한편 앞에서 나는 흑인과 백인 사이의 전반적인 불평등만을 지적했다. 이 외에 아시아계 미국인, 미국 원주민, 남미계 미국인, 태평양 섬나라에서 온 미국인에 관한 불평등도 존재한다. 마지막으로 나는 이런 불평등이 존재하는 '이유'를 언급하지 않았다. 이 현실 이면의 이유에 관해 다양한 시각이 존재한다는 것을 알기 때문이다.

하지만 이런 통계가 명백한 현실을 보여 주는 것만큼은 사실이다. 우리 중 누구도 피부색이 중요해지는 상황을 원치 않는다 해도 미국에서 피부색은 엄연히 중요하다. 그리고 피부색은 나라만이 아니라 미국 교회 내에서도 중요하다.

사회 전반에 걸친 인종 차별의 한복판에서 교회도 피부색으로 나뉘어 있다. 특히 흑백이 분명히 나뉘어 있다. 21세기 초, 백인 미국인의 95퍼센트 이상은 백인 위주의 교회에 다녔고 흑인 미국인의 90퍼센트 이상은 흑인 위주의 교회에 다녔다.[15] 이것은 미국에서 노예제도가 시작되고 남북전쟁 이후 백인 교회들이 흑인 교인들을 차별하기 시작한 뒤로 쭉 존재해 온 분열이다. 지난 20년 사이에 교회 내에서 흑백을 통합하려는 움직임이 있어 왔지만, 2년 전 다인종 교회로 불릴 만한 교회는 겨우 16퍼센트에 불과했다. 그리고 이 2년 동안

(내가 목회해 온 교회를 포함한) 이 교회들은 다인종 구성을 유지하는 데 큰 어려움을 겪어 왔다.[16]

상황 파악이 되는가? 미국에서 노예제도가 시작된 이후로 미국 교회는 인종 사이에 다리를 놓지 못했을 뿐 아니라, 매주 하나님을 예배하기 위해 모일 때마다 오히려 인종 사이의 틈을 점점 더 벌리고 있다. 교회가 인종 분열에 맞서고 있다고 말할 수 있으면 좋겠지만, 교회는 역사 내내 오히려 인종 분열을 심화시켜 왔다. 오늘날에도 상황은 별로 다르지 않다.

하나님의 백성은 이 나라 안에서 공공연히 이루어지는 인종 차별과 교회 안에서 지속되는 인종 분열을 방관하고만 있지 말아야 한다. 적어도 멈춰서 진지하게 물어야 한다. "이 나라의 인종 차별과 교회의 인종 분열이 왜 아직도 존재하는가?" 우리는 과거의 인종주의, 노예 제도, 짐 크로우 법을 미워한다고 믿는다. 그런데 오늘날 수많은 교회, 신학교, 선교 단체, 교회 협회가 과거에서 온 분열적인 관행을 마치 타임캡슐처럼 고이 간직하고 있는 현실을 어찌 방관만 할 수 있는가?

# 깊이 뿌리를 내린 죄

이런 질문을 하자니 개인적으로 손발이 오그라든다. 나도 이 나라의 인종 차별을 간과한 적이 너무 많기 때문이다. 특히 교회 안의 인종 분열을 오랫동안 방관해 왔던 나 자신이 많이 부끄럽다.

나는 나와 같은 백인이 대다수를 차지하는 동네에서 살고, 그와 같은 학교와 교회를 다녔다. 내가 중학교에 다닐 때 한 백인 이웃이 집을 내놓았는데 흑인 가족이 그 집을 매입했다. 그러자 집값이 폭락할 것이라는 소문이 돌았고 사람들이 하나둘 떠나가기 시작했다. 물론 당시 나는 어려서 왜 이런 일이 벌어지는지 전혀 의문을 품지 않았다. 차별과 분리는 내 세상에 깊이 뿌리내리고 있었다(거주지 분리를 과거의 유물로 여겨서는 곤란하다. 미국 내에서 흑인과 비흑인 사이의 거주지 분리는 점점 더 심화되어 왔다. 그리고 남부에서만 그런 것이 아니다).[17]

대학교에 들어간 나는 백인들로만 이루어진 동아리에 들어갔고, 거의 백인들로만 이루어진 캠퍼스 사역에 참여했다. 대학을 졸업한 뒤에도 거의 백인들만 다니는 신학교에 입학했다. 그곳의 교수들과 그곳에서 내가 읽은 책의 저자들은 거의 다 백인이었다. 그 신학교는 인구의 절반 이상이 흑인인 뉴올리언스의 끝자락에 위치해 있었다. 그 신학교는 지역

구성원의 다양성을 반영하지 못한 정도가 아니라 아예 무시하고 있었다.

신학교에서 5년을 수학하는 동안 거의 매주 미국 남동부의 여러 교회를 찾아가 설교를 했다. 그런데 내가 루이지애나주, 미시시피주, 앨라배마주, 조지아주, 테네시주, 플로리다주에서 방문했던 교회들은 거의 모든 교인이 백인인 교회였다. 그 지역에 다른 피부색을 가진 사람들도 사는 것이 분명했지만 나는 한번도 "왜 백인이 아닌 사람들은 이 교회들에 거의 오지 않는가?"라고 물어본 적이 없었다.

신학교를 졸업한 뒤에는 공민권 운동의 중심지인 앨라배마주 버밍햄으로 이사를 했다. 1950년대 흑인들과 인종 차별 폐지 운동가들을 위협하기 위한 수많은 다이너마이트 폭발 테러로 버밍햄은 폭탄햄(Bombingham)이란 별명을 얻었다. 어느 주일 아침 한 도심 교회에서 폭발이 일어나 네 명의 어린 흑인 소녀가 목숨을 잃기도 했다. 나는 버밍햄이라는 도시와 그곳에서 목회했던 교회를 사랑한다. 하지만 내가 그 교회에 부임했을 때 흑인 교회는 극소수였고, 내가 떠난 뒤로도 상황은 거의 변하지 않았다. 안타깝게도 나는 오랜 세월이 흐른 뒤에야 왜 그런가 하는 질문을 던지기 시작했다.

버밍햄을 떠난 뒤 나는 남침례교(Southern Baptist Convention, SBC)의 국제선교이사회(International Mission Board, IMB)를 이끌게 되었다. IMB는 세계 최대의 선교 지원 단체다. 그런데 IMB와 SBC의 역사는 인종주의로 물들어 있다. 두 기관 모두 노예 제도를 옹호하면서 형성되었다. 당시 매일 남부 연방의 수도였던 버지니아주 리치몬드의 IMB 본부로 차를 몰고 가다 보면 모뉴먼트 애비뉴(Monument Avenue)가 눈에 들어왔다. 당시 그 거리에는 남부 연합 리더들의 조각상이 늘어서 있었다. 내가 왜 이런 것을 아무렇지 않게 여기는지 스스로에게 물은 적이 있을까? 전혀 없었다. IMB를 섬기는 4,900명의 선교사들 중 흑인 선교사는 0.5퍼센트밖에 되지 않는 27명이라는 사실을 내가 인식하기까지 얼마나 오랜 시간이 걸렸을까? 정말 오랜 시간이 걸렸다. 그 결과, 내가 대표직을 맡았던 5년 동안 그 퍼센티지는 조금도 늘지 않았다.

이런 이야기와 통계들이 나에 관해서 무엇을 말해 주는가? 최소한 한 가지는 말해 준다. 교회 내에 인종 분열의 죄가 용인되는 것은 곧 내 삶 속에 그런 죄가 존재한다는 것이다.

## 내 안에 변화가 시작되었다

하나님의 은혜로 내 정신과 마음과 삶은 변하기 시작했

다. 이것은 변화가 내 노력으로 시작되지 않았다는 뜻이다. 나는 단지 다른 교회로 옮겼을 뿐이다. 이 책을 쓰는 지금 나는 그 교회에서 목회하고 있다. 앞서 말했듯이 이 교회는 여러 나라에서 온 형제자매들이 하나님의 자비로 모인 교회다. 수도 전역에 퍼져서 사는 우리 교인들은 6대주의 모든 피부색을 보여 준다. 우리 예배는 매주 스페인어, 한국어, 중국어로 실시간 번역된다.

나와 전혀 다른 배경과 경험과 시각을 가진 형제자매들과 삶을 나누고 함께 동역하는 것이 그렇게 좋을 수 없다. 물론 다양성에 관한 하나님의 진리를 배우기 위한 유일한 길이 그런 다양성에 노출되는 것이라는 말은 아니다. 내가 백인 위주의 교회와 사역 단체에서 활동하고 백인 위주의 신학교에 다니고 주로 백인 저자들의 책을 읽었다고 해서 하나님과 그분의 말씀을 진정으로 알 수 없는 것은 아니다. 하지만 내가 섬기는 교회에서 전 세계에서 온 다양한 사람들을 만나 친밀한 공동체를 이루면서 내 안에 변화가 시작되었다. 하나님, 나 자신, 교회, 주변 세상에 관해 정말 많은 것을 배웠다.

예를 들어, 나와 다른 피부색을 가진 사람들이 다인종 교회에서 경험하는 문제와 난관과 희생을 더 분명히 알게 되었다. 우리 교회에서 겪은 어려움들에 관해 광범위한 설문조사를 벌였더니 백인 교인들의 88퍼센트는 아무런 어려움을 겪지 않았다고 대답했다. 다시 말해, 백인 교인들은 열에 아홉은 사실상 "아무런 문제가 없어요"라고 대답했다. 반면 흑인 교인들의 97퍼센트는 최소한 한 가지 이상의 문제점을 경험했다고 대답했다. 아시아인, 남미인, 미국 원주민 교인들의 최소한 50퍼센트도 같은 대답을 했다.

우리 교인 몇 명의 말을 들어 보자.

- 한 흑인 교인은 이렇게 썼다. "교회에서 저는 마치 투명인간 같아요. 피부색 때문에 무시당하는 기분을 남들이 알면 좋겠어요. 이런 (다인종) 환경에서 주눅 들지 않기가 얼마나 힘든지 몰라요."

- 한 남미계 교인은 이렇게 말했다. "사람들과 어울리기 위해 다른 사람들보다 더 예의 바르고 조심스럽게 행동해야 할 때가 많은 것 같아요."

- 우리 교회에 온 지 얼마 되지 않은 한 흑인 자매는 이렇게 말했다. "예전에는 소그룹에서 사람들이 제 말을 듣지 않고 저를 무시하는 느낌을 받았어요. 그런 상황이 오래되다 보니 제가 백인 아이들처럼 바뀌어야 한다는 생각이 들었죠. 그래야 그 아이들과 어울릴 수 있을 것

147

같았어요." 그 자매는 계속해서 이렇게 말했다. "제가 이런 말을 해도 피부색이 다른 사람들이 대수롭지 않게 여기면 상처를 받아요."

· 한 아시아인 형제는 이렇게 말했다. "가끔은 우리 교인들이 나를 정말로 있는 그대로 받아 주는 걸까 하는 생각이 들어요."

· 몇 십 년 동안 우리 교회에 다닌 한 아시아인 자매는 이렇게 말했다. "뭐든 다수결로 하니까 결국 우리 교회는 다수와 나머지로 분리되어 있어요. 뭐, 감수하고 다녀야죠."

· 또 다른 아시아인 형제는 이렇게 말했다. "이 교회에서 제가 손님에 불과하다는 사실을 받아들이게 되었어요. 제게 여긴 집까지는 못 되는 곳이죠."

"집까지는 못 되는 곳"이라는 말은 우리 교회의 한 흑인 목사의 경험을 그대로 대변해 주고 있다. 그는 다음과 같이 말했다.

"유색인종들은 대개 백인 위주의 교회에서 환영을 받습니다. 사람들은 친절합니다. 사람들은 우리에게 활동 참여를 권유합니다. 그리고 대부분의 활동은 좋은 경험이 됩니다. 하지만 좋은 경험일 때도 왠지 제가 집에 있지만 가정 안에 속해 있지는 않다고 느낄 때가 많습니다. 마치 하숙집과도 같습니다. 저도 식탁에서 밥을 먹습니다. 저도 모든 시설을 이용할 수 있습니다. 제 침대도 있고 방도 있습니다. 하지만 메뉴는 이미 정해져 있습니다. 벽에 제 사진은 없습니다. 가구 위치와 벽지를 제 마음대로 바꿀 수 없습니다. 저는 그저 환영받는 손님일 뿐입니다."

계속해서 그는 우리가 기도하는 방식이나 우리가 채택한 문화규범이나 우리가 사용하는 예배 음악 같은 단순한 것들이 이런 기분을 일으킨다고 설명했다. 하지만 여기서 끝이 아니다. 그의 말을 계속해서 들어보자.

"우리가 정의의 문제를 제기할 때 우리가 환영받는 손님이라는 사실이 가장 분명하고도 가장 고통스럽게 느껴집니다. 우리의 존재는 환영하면서도 우리의 시각이나 우선순위는 환영하지 않는 느낌을 받을 때가 많습니다."

백인 형제자매의 말도 들어보지 않으면 전체 그림을 정확히 볼 수 없을 것이다.

- 한 백인 형제는 이렇게 말했다. "제가 백인이어서 미안해 해야 할 것 같을 때가 많아요. 남들이 백인인 저와 관계를 맺기 싫어하는 것 같은 느낌을 받곤 해요."
- 한 백인 자매는 이렇게 말했다. "지난 몇 년간 이 나라에서 일어난 일들 때문에 흑인 친구들은 저를 좋아하는 척만 하는 것이 아닌가 하는 생각을 하곤 해요. 제가 나이든 백인 여성이라는 이유로 편견을 갖고 있는 것 같아요. 친구네 집에 갔는데 거실에 《백인의 취약성》(White Fragility)이 있을 때는 특히 힘들어요. 그 친구들이 저의 진짜 모습을 보는 걸까요? 자신의 고정관념 속에 있는 저를 보는 걸까요?
- 흥미롭게도, 흑인과 결혼한 한 백인 여성은 이렇게 말했다. "우리 교회의 연합은 말할 것도 없이 백인 중심이에요."

물론 이런 말은 어디까지나 개인적인 경험에 관한 것이다. 하지만 이런 말은 인종과 관련된 아메리칸 복음의 깊은 폐해를 잘 보여 주고 있다. 그리고 우리는 이런 문제를 다루기까지 너무 오랜 시간을 끌어왔기 때문에 미국에서 다인종 기독교 공동체를 이루는 일이 극도로 어려워졌다. 다인종 공동체는 복잡하다. 하지만 동시에 더없이 아름답다.

이번 장을 쓰는 동안 나는 우리 교회의 리더들과 모임을 가졌다. 한 테이블에 스리랑카, 카메룬, 한국, 텍사스에서 온 리더들이 함께 앉아 있는 것이 보였다. (물론 텍사스는 국가가 아니라는 것을 잘 안다. 하지만 많은 텍사스 주민들이 텍사스를 국가처럼 생각한다!) 또 다른 테이블에는 중국, 콜롬비아, 미국, 아이티에서 태어난 이들이 앉아 있었다. 회의실을 둘러보니 검은색 얼굴, 흰색 얼굴, 갈색 얼굴이 보였다. 그들은 대부분 자신과 비슷하게 생긴 사람들만 모인 환경에서 자랐다. 나도 마찬가지다. 그럼에도 교회 안에서 세상 문화와 다른 복음적인 가족을 이루기 위해 기꺼이 모험과 희생을 하고 있다.

## 초대 교회 역시 다인종 공동체였다

예수님은 이런 다인종 가족을 가능하게 하기 위해 오셨다. 죄가 세상에 들어온 뒤로 인류는 하나님과 분리될 뿐 아니라 서로 분리되었다. 인종주의, 자민족 중심주의, 인종적 분열은 예수님 당시의 역사를 포함해서 인류 역사를 오염시

컸다.

1세기에 유대인과 이방인 사이에 거대한 문화적 틈이 벌어졌다. 그들은 함께 먹지도 어울리지도 않았다. 그들은 서로 다른 전통관습과 생활방식을 유지했다. 유대인들은 이방인들을 개로 불렀다. 하지만 예수님은 이런 분열을 치유하기 위해 오셨다. 그분은 열두 제자를 부르셨는데 그들 모두는 유대인이었다. 그런데 그분은 그 제자들을 한 우물로 데리고 가 사마리아 여인(인종과 성의 두 측면 모두에서 열등한 존재로 취급받던 사람)을 만나게 하셨다. 거기서 그분은 그 여인만이 아니라 사마리아의 한 동네 전체를 불러 따르게 하셨다.

예수님은 여기서 멈추지 않으셨다. 물론 그분은 니고데모 같은 유대인 지도자들과 새 생명에 관해 말씀하셨다(요 3:1-21). 하지만 로마 백부장의 종을 치유하기도 하셨다(눅 7:1-10). 그분은 모든 부족과 민족을 위한 대속물로 십자가에서 돌아가셨고(계 5:9-10), 죄를 이기고 부활하신 직후 제자들에게 그분 사랑의 복된 소식을 들고 세상의 모든 인종에게 가라고 명령하셨다(마 28:19). 그분의 승천 후 성령은 복음이 만인을 위한 것임을 더욱 분명히 보여 주셨다. 오순절에 성령은 국적과 인종에 상관없이 모든 사람이 말씀을 듣고 믿을 수 있도록 제자들에게 임해 다른 언어들로 말하게 하셨다(행 2:4). 성령은 빌립을 에티오피아 내시에게 보내 복음을 전하게 하셨다. 그 덕분에 북아프리카에 교회가 세워질 수 있었다(행 8:26-40). 하나님은 베드로를 로마군 백부장 고넬료에게 보내 복음이 서쪽으로 퍼지는 계기를 만드셨다(행 10장). 하나님은 바울이 동유럽에서 소아시아까지 복음을 이방인들에게 전하게 하셨다.

하나님의 선한 의도로 초대 교회는 다인종 공동체였다. 하지만 다인종 공동체를 이루는 과정에서 잡음이 없지는 않았다. 이방인들은 같은 교회에 속해서 세례를 받고 같은 테이블에 앉기를 원했지만 유대인들은 그들을 밀어냈다. 유대인들은 자신들이 하나님의 '선민'이라고 생각했기 때문이다. 바울은 에베소 교인들에게 쓴 편지에서 이런 분열을 분명하게 다루었다.

> "이제는 전에 멀리 있던 너희가 그리스도 예수 안에서 그리스도의 피로 가까워졌느니라 그는 우리의 화평이신지라 둘로 하나를 만드사 원수된 것 곧 중간에 막힌 담을 자기 육체로 허시고 법조문으로 된 계명의 율법을 폐하셨으니 이는 이 둘로 자기 안에서 한 새 사람을 지어 화평하게 하시고 또 십자가로 이 둘을 한 몸으로 하나님과 화목

하게 하려 하심이라 원수된 것을 십자가로 소멸하시고 또 오셔서 먼 데 있는 너희에게 평안을 전하시고 가까운 데 있는 자들에게 평안을 전하셨으니 이는 그로 말미암아 우리 둘이 한 성령 안에서 아버지께 나아감을 얻게 하려 하심이라 그러므로 이제부터 너희는 외인도 아니요 나그네도 아니요 오직 성도들과 동일한 시민이요 하나님의 권속이라"(엡 2:13-19).

성경의 비전은 분명하다. 복음은 세상의 힘들을 초월하여 분열의 담을 허물고 인종을 비롯한 온갖 범주에서 다른 사람들을 교회 안에서 하나로 묶는다.

그런데 왜 미국 교회는 이처럼 다양성이 숨 쉬는 공동체를 이루지 못하는 것일까? 이 현실을 바꾸려면 어떻게 해야 할까?

이 질문을 다루기 위해서는 책 몇 권을 할애해도 모자랄 것이다. 하지만 이 질문에 답해야 한다는 점을 인정하는 것이 중요한 출발점이다. 어떤 이들은 사회가 인종에 따라 저절로 분류되는 것이 좋다고 말한다. 우리는 노래 취향부터 사회경제적 수준과 정치적 성향과 개인적인 취향까지 비슷한 사람끼리 어울리는 것을 편안해한다.

이런 생각은 수십 년 동안 교회 성장 전문가들이 이른바 '동질 집단 원리'(homogeneous unit principle)를 권장해 온 이유다. 이 원리의 요지는 우리가 비슷한 사람끼리 어울리는 것을 좋아하기 때문에 각 교회의 목사와 리더들은 한 부류에 초점을 맞추어야 한다는 것이다. 다른 부류는 그들에게 맞는 다른 교회에 가게 놔두라는 말이다. 교회 성장 전문가들에 따르면 성장의 비결은 비슷한 취향을 가진 특정 집단을 공략하는 것이다. 실제로 대부분의 교회가 이 방법으로 많은 교인을 확보했다.

하지만 성경 어디에서 이런 원리를 가르치는가? 바울이 유대인들에게 '너희끼리 어울리고 이방인들을 배제시키면 훨씬 더 많은 유대인을 전도할 수 있다'라고 말하는 구절이 있는가? 혹은 바울이 이방인들에게 '너희는 이런 유대인들을 참아 줄 필요 없이 따로 교회를 세우라'라고 말하는 구절이 있는가? 그런 구절은 성경 어디에도 없다. 이 방법이 인기가 있고 대부분의 교회가 이 방법을 채택했다고 해도, 동질성을 우선시함으로써 그리스도의 교회를 세우는 것은 성경의 가르침에 반하는 방식이다.

신약은 오늘날과 같은 동질적인 교회가 아니라 인종, 사회경제적 수준, 문화, 정치적 성향, 개인적인 취향을 초월해서 가족처럼 서로를 사랑하고 돌보기 위해 '함께 노력하는' 남녀를 보여 준다. 이는 다양성이 숨 쉬는 공동체를 일구기 위해 모든 크리스천이 각자 감당해야 할 역할이 있다는 뜻이다. 즉 교회 리더들은 목회의 방향을 어느 한 부류의 구미에 맞추지 않도록 조심해야 한다. 교인들은 교인들대로 자신의 취향이 우선적으로 반영되지 않더라도 희생하고 양보할 수 있어야 한다. 우리가 이런 식으로 협력할수록 예수님의 영광이 더 환하게 드러날 것이다. 우리를 하나로 묶어 주는 복음의 기적으로밖에 설명할 수 없을 만큼 깊은 공동체가 탄생할 것이다.

## 격려와 충고

나의 흑인 형제자매에게 격려의 말을 전하지 않고 이번 장을 마칠 수는 없다. 아울러 나와 같은 백인 형제자매들에게는 충고의 말도 전하고 싶다.

먼저, 나의 흑인 형제자매를 격려하고 싶다. 이들의 회복력, 그리고 우리 믿음의 선조들인 이들의 부모와 조부모와 증조부모들이 보여 준 회복력에 대해 하나님께 감사한다. 이들이 그토록 어두운 인종 차별의 역사를 지닌 미국 교회 안에서 끝까지 예수님을 따르기로 선택해 주어서 얼마나 감사한지 모른다. 자신에게 성경을 가르쳐 준 사람들에게 (실제로 혹은 비유적으로) 맞으면서도 그 성경을 계속해서 믿기로 선택하는 것, 그것은 나로서는 상상도 할 수 없는 일이다. 미국 전역에 강한 흑인 교회들이 버티고 서 있는 것은 하나님의 은혜와 흑인 크리스천들의 깊은 신앙을 보여 주는 강력한 증거이다. 내가 그리스도 안에서 이들의 형제라는 사실을 진심으로 영광스럽게 생각한다. 나는 아직도 배워야 할 것이 많다. 이들과 나란히 걸으며 배워 가고 싶다.

나와 같은 백인 형제자매에게도 하고 싶은 말이 있다. 우리가 알다시피 노예 제도와 공민권 운동에 관한 어두운 역사를 갖고 있는 이 나라에서 수많은 백인 크리스천과 교회는 그런 악을 돕거나 방관해 왔다. 백인 목사들이 그의 방식을 비판하며 인내심을 발휘하라고 촉구하던 순간, 버밍햄의 감방에 앉아 있던 마틴 루터 킹 주니어 목사가 생각난다. 그는 그 감방에서 쓴 편지에서 다음과 같이 말했다.

"흑인들을 향한 노골적인 불의의 한복판에서 나는 백인 교회들이 사이드라인 밖에 서서 현실과 동떨어진 경건을 외치고 사소한 일에서만 경건한 척하는 모습을 지켜보았습니다. 우리나라에서 인종적, 경제적 불의를 제거하기 위해 온 힘을 다해 노력할 때 수많은 목사가 내게 "그것들은 복음이 전혀 관심을 두지 않는 사회적인 문제일 뿐이다"라고 말했습니다." [18]

거짓 복음은 인종적 불의와 분열에 관심을 두지 않을지 몰라도 성경적인 복음은 관심을 둔다. 킹 목사의 '버밍햄 감옥에서 쓴 편지'(Letter from Birmingham Jail)는 다음과 같이 끝맺음을 한다.

"교회가 매우 강력했던 시절이 있었습니다. 초대 교인들이 믿는 바를 위해 고난받는 것을 기뻐했던 시절이 그러했습니다. 그 시절, 교회는 대중에게 인기 있는 개념과 원칙을 기록하는 온도계가 아니었습니다. 그 시절, 교회는 사회적 관행을 변화시키는 온도 조절 장치였습니다. … 하지만 하나님의 심판이 전에 없는 수준으로 교회에 임할 것입니다. 오늘날의 교회가 초대 교회의 희생적인 정신을 회복하지 않는다면 진정성과 수백만 명의 충성을 잃고 20세기에 아무런 소용이 없는 무의미한 사교 클럽 취급을 받게 될 것입니다." [19]

이 편지가 쓰이고 나서 50년이 지난 지금, 우리는 어떤 복음을 채택하고 어떤 종류의 교회를 추구할 것인지 결정해야 한다.

전반적으로 우리의 백인 선조들은 인종주의에 참여한 죄를 통회하지 않았다. 킹 목사의 말처럼 그들은 '초대 교회의 희생적인 정신을 회복하지' 않았다. 적어도 흑인들과 관련해서는 그렇게 하지 않았다. 다행히 우리가 오늘날 이 죄를 인정하고 슬퍼하기 위한 성경의 선례가 있다. 성경은 오래전에 남들이 지은 죄라도 우리가 통회해야 함을 보여 준다. 에스라와 느헤미야 같은 성경의 인물들은 선조들이 지은 죄를 겸손히 인정하고 통회했고, 하나님의 백성이 그런 죄에서 돌아서도록 이끌었다. 역사 내내 하나님은 그분의 백성에게 과거로부터 전해져 온 악한 길을 이어 가지 않도록 이전 세대가 지은 우상과 산당을 허물라고 명령하셨다.

이것이 내가 2020년 6월 워싱턴 D.C.의 거리에서 성경을 믿고 복음을 선포하는 크리스천들과 나란히 행진하기로 결심한 이유 중 하나다. 나는 그 행진의 시작을 알리는 행사에서 대표기도를 맡고서 이렇게 기도했다. "하나님, 이 나라의 과거와 현재 속에 있는 불의, 저희 마음을 오염시키고 있는 그 죄에 대해 저희를 용서해 주십시오."[20] 하지만 이 기도문이 신문에 실리자 분노한 교인들이 내게 이런 메시지를 보내왔다. "당신이 짓지 않은 죄는 고백하지 말아야 합니다."

물론 성경에 따르면 우리는 궁극적으로 자기 자신의 죄에 대해 하나님 앞에서 심판을 받을 것이다. 하지만 성경은 집단적인 죄의 중요성도 보여 준다. 이상하게도 내가 그 행진이 이루어지기 불과 5개월 전 워싱턴에서 열린 '생명을 위한 행진'(March for Life)에서 낙태의 죄를 고백했을 때는 교회 내에서 아무런 반발도 없었다. 내가 개인적으로 낙태를 지지한 적이 없는데도 말이다. 하지만 이런 사실 외에도 그 기도는 엄연히 '내 삶 속에 있는' 죄를 고백한 기도였다. 나는 내 삶 속에서 의도적으로 혹은 부지불식간에 나타난 인종주의의 모든 표현을 진심으로 후회하고 있다. 내 삶을 오염시키고 있는 죄에서 벗어나고 싶다. 회개하고, 킹 목사가 말한 초대 교회의 희생적인 정신을 회복하고 싶다.

나와 같은 백인 신자들에게 이런 희생적인 정신은 구체적으로 어떤 모습일까? 이 나라의 백인들은 유색 인종들에게 지독히 냉담했으니 이제 우리는 남아 있는 (다시 말하지만, 의도적이든 부지불식간에 품은 것이든) 인종적 교만이나 편견의 작은 흔적조차도 재빨리 인정하고 회개해야 한다. 선조들이 인종적 불의의 기념물을 세웠으니 이제 우리는 남아 있는 불의의 흔적까지 철저히 찾아 제거해야 한다. 여전히 존재하는 인종 차별에 깊이 관심을 갖고 우리 안과 주변에서 보이는 모든 인종주의의 표현을 뿌리 뽑기 위해 사력을 다해야 한다. 흑인들이 열등한 인간이라는 생각에 그들과 다른 교회로 분리되었던 선조들의 유산 앞에서 우리는 오늘날 교회 속에 존재하는 인종적 분열을 치유하고 인종적 화합을 증진시키기 위해 모든 노력을 기울여야 한다. 너무도 오랫동안 철저히 백인들에게로 쏠렸던 교회와 기독교 기관, 신학교, 선교 단체들의 리더 자리를 여러 인종에게 분산시키기 위해 최대한 노력해야 한다.

특정 부류의 편견을 따르고 (나아가 심화시키고) 특정 부류의 취향에 맞추고 권력을 추구하는 교회의 모습을 바꾸려면 꽤 오랜 시간이 필요할 것이다. 편안한 길과 많은 전통을 겸허한 마음으로 과감히 버리고 하나님이 그리시는 아름다운 교회의 모습을 향해 담대히 나아가자. 그럴 때 비로소 분열과 피해를 낳는 거짓 복음을 허물고, 평등과 궁극적으로 치유를 낳는 성경적인 복음을 회복할 수 있다.

복음은 모든 사람이 하나님의 은혜를 통해 그분에게로 돌이키고 서로 화목하도록 예수님이 죄인들을 위해 십자가 위에서 피를 흘리셨다는 좋은 소식이다. 이 혁명적인 혈통은 교회라고 불리는, 세상 문화를 거스르는 다인종 가족을 만들어 낸다. 성경은 이 영적인 몸이요 하늘의 신부를 선택된 민족이요 거룩한 나라이며 하나님의 소유된 백성으로 부른다. 세상에 이와 같은 집단은 없다. 모든 피부색과 계급과 민족과 방언을 아우르는 독특하고, 다양성이 숨 쉬고, 영원하고, 사랑으로 충만하고, 기쁨이 넘치고, 소망이 가득하고, 복음으로 형성되고, 하늘 아버지께 영광을 돌리는 실로 아름다운 가족 말이다!

피부색과 상관없이 그리스도 안에서의 모든 형제자매에게 말하고 싶다. 서로를 돌보고 진정으로 함께 살아가자. 이 나라에서 인종과 관련된 교회의 접근법에 상처를 받은 수많은 사람들 속에 치유가 임하도록 함께 노력하자. 그 과정에서 예수님이 우리의 삶과 교회 속에서 가능하게 해주신 다인종 가족의 아름다움을 경험하자.

5

애국심에서 열방으로

# 예수님을 누리고 높이는 일에
각자의 역할을 하라

아마존에 사람이 별로 살지 않는 데는 까닭이 있다. 세계 최대의 열대우림 지역인 아마존은 환경이 세상에서 가장 혹독한 지역 중 하나이기도 하다. 정말이지 내 평생에 그런 열악한 환경은 처음 겪어 봤다.

소수 인원으로 꾸려진 우리 그룹은 경비행기로 어느 오지 마을까지 날아간 뒤 아마존 강까지 걸어갔다. 강가에는 모터가 달린 긴 카누 두 척이 우리를 기다리고 있었다. 각자 정수된 물병, 잡다한 음식, 갈아입을 옷가지, 작은 캠핑용 해먹이 든 작은 배낭을 메고서 배에 올라탔다. 우리는 여행 내내 가이드이자 친구가 되어 줄 두 명의 현지인과 함께 강을 따라 내려갔다. 곧 관목과 하늘까지 치솟은 나무가 사방을 빽빽이 둘러쌌다. 때때로 확 뚫린 공간이 펼쳐지며 강둑에 옹기종기 모여 있는 집들이 보였다. 집은 회반죽으로 지어 철 지붕을 올린 형태였다. 하지만 아마존 안으로 더 깊이 들어갈수록 마을의 흔적은 점점 더 줄어들었다.

빽빽한 열대 우림의 한복판으로 깊숙이 들어가자 마침내 트레킹을 할 수밖에 없는 지점에 이르렀다. 가이드들은 배를 강가로 끌어올려서 묶었고, 우리는 배에서 내려 배낭을 메고 걷기 시작했다. 순식간에 사방에서 수많은 벌레들이 몰려들었다. 그 벌레들은 굶주린 상태였다! 나는 긴 바지와 긴팔 셔츠를 입고 있었지만 녀석들은 기어코 내 옷들을 뚫고 내 살점을 즐겼다. 옷에 벌레 기피제를 잔뜩 뿌리라는 말을 듣고서 옷 구석구석에 열심히 뿌렸건만 이 벌레들은 벌레 기피제를 아침식사로 즐기는 게 분명했다.

벌레들도 힘들었지만 이번 여행을 준비하면서 읽은 자료에서 주의를 당부했던 재규어와 독사들이 훨씬 더 걱정이었다. 놈들은 우리를 덮치기 위해 울창한 숲 어딘가에 숨어서 기다리고 있을 것이다. (샌들과 반바지 차림에 웃통을 벗은) 현지인 가이드들은 통역인을 통해 우리를 안심시키려고 노력했다. "걱정하지 마세요. 가장 위험한 짐승들은 낮에 잠을 잔답니다."

낮에는 그 말이 위로가 되었지만 밤이 걱정이었다. 재규어와 독사들은 밤에 말똥말똥하지만 나는 쟁반 위에 올린 저녁거리처럼 해먹에서 정신을 잃고 대롱거리고 있을 테니 말이다.

몇 시간 내내 숲속을 걸은 끝에 야영지에 도착해 각자 해먹을 나무들 사이에 걸었다(거대 독거미를 비롯한 온갖 생명체가 기어다니는 땅은 잠자기에 마땅치 않았다). 취침할 시간이 되자 우리는 해먹으로 기어 올라가 모기장을 몸 위로 덮고 머리 아래로 넣어 고정시켰다. 벌레를 차단해서 다행이었지만 모기장이 재규어에게는 전혀 걸림돌이 되지 않는다는 것을 잘 알고 있었다.

눈을 감고 굶주린 재규어에게 걸리지 않게 해달라고 기도하다가 아마존에서 잠을 청할 때만 가능한 신비한 경험을 했다. 칠흑 같은 어둠 속에 누워 있으면 바로 눈앞의 손도 보이지 않지만 '모든 소리'가 들린다. 아마존은 밤에 살아난다. 위아래에서 부스럭거리는 소리가 들린다. 동물 우는 소리, 윙윙거리는 소리, 근처에서 벌레가 기어다니는 소리, 멀리서 원숭이들이 울부짖는 소리가 너무도 또렷이 들려왔다. "오, 하나님, 이 밤이 무사히 지나가게 도와주세요." 나는 계속해서 기도하다가 잠이 들었다.

이튿날 아침, 나무들 사이로 뚫고 들어오는 햇빛 때문에 잠이 깼다. 밤을 무사히 이겨 낸 것이다. 함께 동행한 사람들도 모두 무사했다. 한 시간쯤 뒤 우리는 다시 길을 나섰다.

낮에는 걷고 밤에는 가이드들과 함께 모닥불 주위에 앉으며 수일을 보냈다. 이 열대우림을 집이라고 부르는 가이드들은 정말 놀라운 사내들이었다. 우리는 모닥불 위에서 요리한 국수를 먹었다. 탁탁 튀는 땔감과 주변에 가득한 정글 생명체들의 소리를 배경음악으로 삼아 이 남자들은 자신의 가족과 그들의 조상이 오지에서 살아온 삶에 관한 흥미진진한 이야기를 들려주었다.

어느 날 밤에 우리가 그들의 이야기를 정신없이 듣고 있을 때 그들 중 비에토(Bieto)라는 남자가 내게 들려줄 만한 이야기가 없는지 물었다. 나는 좋은 기회라고 생각하며 마가복음 4-5장에 기록된 네 가지 짧은 이야기를 전해 주었다. 그것은 이 열대우림의 창조주께서 예수라는 이름의 사람으로 세상에 오셨고 그분이 자연과 악령과 질병과 죽음을 다스릴 권세를 지니고 계셨다는 이야기였다.

다음 날 밤, 모두가 다시 모닥불 주위로 모였을 때 또 다른 가이드인 루안(Luan)이 전날 내가 해준 이야기에 관해서 이렇게 말했다. "그 이야기를 듣는데 이상한 느낌이 들었어요. 심장이 마구 쿵쾅거렸습니다."

"이 이야기들은 원래 그런 효과를 낸답니다." 나는 그렇게 말했다. 이어서 나와 동반자들은 돌아가면서 성경 이야기를 나누었다. 죄 없는 삶을 살다가 죄인들을 위해 희생적인 죽임을 당하고 무덤에서 일어나 죽음을 이기신 예수님에 관한 복된 소식을 전했다.

트레킹의 마지막 날 밤, 비에토가 다시 말했다. "예수님에 관한 이야기를 들을 때 제가 더러운 마음을 가진 것처럼 느껴졌어요. 제 마음이 깨끗해질 방법이 있을까요?"

"그것이 예수님에 관한 복된 소식이에요. 예수님이 이 땅에 오신 이유가 우리에게 완전히 새로운 마음을 주기 위해서죠." 나는 그렇게 말했다.

그때 루안이 한 말을 절대 잊지 못한다. 그는 경이감에 젖은 표정으로 말했다. "예수님에 관한 이야기들은 정말 좋네요. 정말 중요한 이야기처럼 들려요. 그런데 그렇게 중요한 이야기를 우리와 우리 조상들이 어떻게 지금까지 한 번도 들어 본 적이 없는지 이해할 수가 없네요."

루안의 마지막 말을 생각해 보라. 이 사내들과 그 가족들을 비롯해서 지구상의 약 32억 명이 예수님의 복된 소식을 아직까지 한 번도 들어보지 못한 이유가 무엇이라고 생각하는가?[1]

이번 장에서 나의 요지는 간단하다. 세상의 정글들, 마을들, 대도시들에서 보이는 '복음 빈곤'에는 많은 요인이 있겠지만 주된 이유 중 하나는 국수주의이다. 하나님의 열방을 향한 목적이 계속해서 국수주의적인 사람들의 저항에 부딪힌 탓에 아직 수십억의 사람들이 복음을 듣지 못한 채로 남아 있다.

구약의 이스라엘 국가부터 신약의 초대 교회까지, 더 나아가 오늘날 미국 교회에 이르기까지 하나님의 백성은 계속해서 '모든' 나라에 복음을 전하는 것보다 '자기' 나라의 보존에 더 몰두해 왔다. 그래서 하나님은 수세대 동안 그분의 백성에게 명령하셨던 것처럼 지금 우리에게도 사랑하는 조국(언젠가 무너질 나라)보다 영원히 이어질 하나님 나라를 더 우선시하라고 명령하신다. 그런 우선순위의 변화는 복음을 필요로 하는 수십억의 사람들에게 시급한 문제이다. 또한 교회 안의 환멸과 분열을 극복하기 위해서도 반드시 필요하다.


## 우리 삶의 목적

혹시 하나님을 사랑하기는 하지만 '선교'는 적성에 맞지 않아 이번 장은 당신에게 불필요하다고 생각하는가? 선교 사역에 부름을 받은 이들에게 감사하고 그들이 그 일을 잘 감당하기를 바라기는 하지만 자신은 선교와 어울리지 않는다고 생각하는가? 하지만 이번 장을 건너뛰기 전에 한 가지 이야기만 들어보라. 그런 생각은 비성경적일 뿐 아니라 당신의 삶을 향한 하나님의 목적을 경험하지 못하게 만든다는 점을 알게 될 것이다.

대학 재학 시절 나는 성경의 페이지들이 한 가지 분명한 사실을 가리킨다는 점을 보기 시작했다. 복음이 나와 내 주변 사람들만을 위한 것이 아니라 모든 나라의 모든 사람을 위한 것이라는 사실이었다. 성경이 어떻게 끝나는지만 보아도 알 수 있다. 성경의 마지막 장면은 요한계시록에서 모든 나라와 족속과 백성과 방언에서 아무도 능히 셀 수 없는 큰 무리가 나와 하나님의 보좌 주변에 모여서 그분의 임재를 영원히 누리는 장면이다. 이런 결말이 하나님의 궁극적인 목적이며, 내가 그분의 백성이라면 나도 이것을 나의 궁극적인 목적으로 삼아야 한다는 사실을 깨달았다. 역사의 열차는 이 목적지로 내달리고 있다. 내가 가장 중요한 것을 위해서 살려면 이 열차에 올라타야 한다. 모든 나라의 모든 사람이 하나님의 구원을 누릴 수 있도록 내가 할 수 있는 모든 것을 해야한다. 나는 그렇게 결론을 내렸다.

이제 내가 해야 할 일은 분명해졌다. 선교사가 되어 다른 나라로 가야 했다. 하지만 그런 생각은 잘못된 것이었고, 제리 랜킨(Jerry Rankin) 박사 덕분에 그런 생각을 바로잡을 수 있었다.

당시 랜킨 박사는 국제선교단체를 이끌고 있었다. 이 선교단체에는 전 세계에 흩어진 수천 명의 선교사가 속해 있다. 대학원을 다니던 중에 나는 우리 학교를 방문한 랜킨 박사와의 조찬 자리에 초대를 받았다. 조찬 전날 밤 나는 아내 앞에서 랜킨 박사에게 해외 선교사로 나갈 각오를 전할 것이라고 말했다. 아내는 전적으로 찬성했고, 다음날 아침 약속 장소로 가기 전에 아내와 함께 기도했다.

마침내 나는 랜킨 박사와 마주 앉았고, 음식을 주문하자마자 내 마음을 쏟아 내기 시작했다. "박사님, 모든 나라가 하나님의 영광을 찬양하는 것이 그분의 뜻인 줄 압니다. 그런데 아직 복음을 전해야 할 나라가 너무 많습니다. 그래서 저와 아내는 떠날 준비가 되어 있습니다."

랜킨 박사는 유심히 듣고 나서 한동안 아무 말도 하지 않았다. 어색한 60초가 흐른 뒤에야 그는 침묵을 깼다. 그는 열국을 향한 나의 마음을 칭찬하면서도 짐을 싸서 비행기를 타라는 말은 하지 않았다. 대신 그는 조찬 시간 내내, 복음을 받은 교회들이 복음을 받지 못한 곳에 복음이 전파되도록 도와야 한다는 말을 했다.

나는 몹시 혼란스러웠다. 집에 돌아오자마자 아내가 물었다. "어떻게 되었어요?"

"어… 그게… 아무래도 나는 선교사가 되지 않는 편이 낫다고 생각하시는 것 같아요."

마치 내가 회사 면접을 망쳐서 앞길에 지장이 생긴 것처럼 아내의 얼굴에 실망의 빛이 역력했다. 하지만 아무리 생각해도 내가 랜킨 박사에서 잘못 말한 것이 생각나지 않았다.

그런데 가만히 앉아서 그 대화를 곱씹을수록 감사하는 마음이 솟아났다. 덕분에 새로운 생각이 머릿속에서 떠올랐다. 그것은 그 조찬 전에는 떠오르지 않았던 생각이었다. 그날 아침 열국에 복음을 전하는 일에 누구보다 강한 열정을 품었지만 선교사로는 부름을 받지 않은 사람도 있다는 사실을 배웠다. 열국에 복음을 전하는 일에 열정을 품은 사람들을 무엇이라고 부르는지 아는가?

바로, 크리스천이라고 부른다.

물론 성령님은 모든 나라가 하나님의 사랑을 알기 원하신다. 이는 성령님이 우리 안에 거하시면 우리도 열국이 하나님의 사랑을 알기 원하게 된다는 뜻이다. 예수님의 제자가 되는 것은 모든 나라에 예수님을 알리려는 열정으로 사는 것이다. 따라서 열국에 복음을 전하는 것은 선택된 소수만을 위한 일이 아니다. 그것은 우리 모두의 목적이다. 우리가 살아 있는 것은 바로 이 목적을 이루기 위해서이다.

## 두 가지 짚고 넘어가야 할 점

이번 장은 역사 속에서 하나님의 목적과 우리 삶의 목적에 관한 것이기 때문에 두 가지를 짚고 넘어가자.

첫째, 성경에서 '나라들'에 관해서 말할 때는 특정한 인종 집단이나 민족 집단을 지칭하는 것이다. 오늘날 세상에는 수천 개의 이런 집단이 존재한다. 이것은 오늘날 우리가 '나라'라고 부르는 지정학적 집단인 국가를 지칭하지 않는다(미국을 비롯해서 현재의 '나라들'은 성경이 쓰일 당시 존재하지 않았다). 하지만 이번 장의 목적을 위해서, 그리고 특별히 이 진리들을 미국이라는 국가의 크리스천들에게 적용하기 위해, 이번 장에 나타나는 '나라들'은 성경 시대에 존재했던 이스라엘 '나라'나 미국을 비롯해서 오늘날 우리가 '나라'라고 부르는 약 2백 개의 집단을 가리킨다고 보아야 한다.

둘째, 나는 내 나라의 자랑스러운 시민이라고 분명하게 말하고 싶다. 나는 이 나라의 수도인 워싱턴 D.C.에 사는 것이 좋다. 나와 내 가족은 도심의 기념물들 주변을 산책하는 것을 좋아한다. 최근 아이들과 제2차 세계대전 기념비를 보러 갔다가 참전 용사들을 가득 채운 버스를 본 일이 생각난다. 참전 용사들과 그 가족들이 느리게 걷거나 휠체어를 타고 기념비 쪽으로 가자 우리는 누가 시키지도 않았는데 인도에 길게 늘어서서 박수를 치고 환호하며 존경심을 표했다. 그때 나는 우리 아이들에게 이렇게 말했다. "저 용사들은 지금 우리가 매일 누리는 자유를 지키기 위해 목숨을 바쳐 싸웠단다. 저분들의 희생에 감사해야 한단다."

우리 교회의 장로와 목사와 리더들 중에는 참전 용사와 군인들뿐 아니라 우리 국가의 정부를 섬기는 이들이 많다. 내가 이 교회의 목사라는 사실이 정말 자랑스럽다. 우리 목사 중 한 명은 수십 년간 해군 특수부대원으로 복무하면서 전 세계 곳곳에서 수많은 작전에 참여했다. 그와 같이 작전에 나갔던 전우들 중 많은 이들이 살아서 돌아오지 못했다. 나는 이 목사를 누구보다도 존경한다. 이 목사는 우리 교회와 지역 내 전현직 군인들을 위한 오찬 자리에서 강연을 하고 있다. 그와 같은 이들은 우리의 영웅들이다.

모든 나라를 제자로 삼으라는 예수님의 명령에 순종하기 위해서 자신의 나라를 사랑하지 말아야 하는 것은 전혀 아니다. 그럼에도 우리는 이렇게 물어야 한다. 자신의 나라를 향한 사랑이 다른 나라들에서 예수님의 명령에 순종하는 데 걸림돌이 될 수 있을까? 자신의 나라에 대한 자긍심이 모든 나라를 향한 하나님의 목적대로 사는 데 방해가 될 수 있을까?

답은 "그렇다"이다. 그리고 예로부터 그렇게 모든 나라에서 복음 전파가 지체되는 일이 계속해서 나타났다.

## 우리 안의 요나

요나라고 하는 이스라엘의 국가 영웅을 떠올려 보자. 여로보암 왕이 이스라엘을 통치할 당시 하나님은 요나를 왕에게 보내 강력한 적인 앗수르를 막기 위해 북쪽 국경 중 길게 이어진 부분을 강화하라고 지시하셨다. 앗수르인들은 패악과 교만과 잔혹함으로 널리 악명을 떨치고 있었다. 여러보암 왕은 요나를 통한 하나님의 경고에 귀를 기울여 이스라엘의 방어력을 강화했다. 덕분에 이스라엘 국가는 보존될 수 있었다(왕하 14:23-27).

그런데 하나님이 "이제 앗수르의 수도 니느웨에 가서 내 메시지를 전하라"라고 말씀하셨을 때 요나가 얼마나 큰 충격에 휩싸였을지 상상해 보라. 다시 말해 "너희를 집어삼키려고 호시탐탐 노리는 잔혹한 국가이자 너희의 최대 적에게 가서 하나님의 말씀을 전하라."

요나의 반응은 어땠을까? 그는 하나님과 그분의 계획을 피해 도망쳤다. 욥바라는 항구 도시에서 그는 니느웨와 반대쪽에 있는 머나먼 땅 다시스로 가는 배편을 예약했다. 하지만 하나님은 그를 추격하셨다.

이 얼마나 좋은 소식인가. 우리가 아무리 고집을 부려도 하나님의 은혜로부터 도망칠 수 없다는 사실이 감사하지 않은가. 하나님의 용서하시는 능력이 우리가 죄를 짓는 능력보다 크니 얼마나 다행인가.

하나님이 요나를 어떻게 붙잡으셨는지 기억할 것이다. 바다 한가운데서 광풍이 불어왔다. 자신이 광풍의 원인이라는 것을 깨달은 요나는 자진해서 바다에 던져졌다. 하지만 그의 몸이 물속에 빠진 지 얼마 되지 않아 거대한 물고기가 그를 통째로 삼켰고, 이후 사흘간 그는 물고기의 뱃속에서 구해 달라고 기도하며 버텼다. 하나님이 그 기도에 응답하시자 물고기는 소화액에 범벅이 된 선지자를 햇볕으로 토해 냈다.

하나님은 요나에게 다시 찾아와 말씀하셨다. "니느웨로 가서 내 말을 전하라." 요나는 순종했다.

요나는 니느웨 백성들에게 성의 없는 설교를 전했다. 이렇다고 할 해설도 없이 무작정 회개하고 하나님의 자비를 받으라고만 말했다. 그런데 놀랍게도 니느웨 백성들은 그 말을 그대로 따랐다. 성경은 이 잔혹한 자들이 "하나님을 믿고 금식을" 했다고 기록한다. 그저 몇 명만 그런 것이 아니었다. "높고 낮은 자를 막론하고" 모두가 그렇게 했다.

하지만 요나는 놀라지 않았다. 그는 이런 일이 일어날 줄 알았다. 그래서 화가 났다. 그가 앗수르 사람들의 회개에 관해서 하나님께 불평하는 말을 들어 보라.

> "내가 고국에 있을 때에 이러하겠다고 말씀하지 아니하였나이까 그러므로 내가 빨리 다시스로 도망하였사오니 주께서는 은혜로우시며 자비로우시며 노하기를 더디하시며 인애가 크시사 뜻을 돌이켜 재앙을 내리지 아니하시는 하나님이신 줄을 내가 알았음이니이다 여호와여 원하건대 이제 내 생명을 거두어 가소서 사는 것보다 죽는 것이 내게 나음이니이다"(욘 4:1-3).

하나님의 사랑을 선포하는 책임을 받은 사람의 입에서 이런 말이 나오다니 충격적이지 않은가. 요나는 조국의 적이 구원을 받는 꼴을 보느니 죽는 편이 낫겠다고 생각했다!

요나는 회개한 니느웨 사람들이 기도하고 예배하도록 인도하지 않고 화가 나서 성 밖에 앉아 있었다. 그는 하나님이 앗수르인들에게 심판을 내리기를 바라고 있었다. 하지만 하나님은 누구에게도 심판을 내리시지 않았다. 대신 뜨거운 뙤약볕에서 요나에게 그늘을 드리워 줄 거대한 식물을 제공해 주셨다. 하지만 이야기는 아직 끝이 나지 않았다. 오래지 않아 하나님은 식물을 시들어 죽게 하셨고, 요나는 다시 분노에 사로잡혔다.

요나의 이야기는 여기서 끝이 난다. 요나서는 행복한 결말이 아니라 하나님이 요나, 나아가 그분의 모든 백성에게 던지는 특별한 질문으로 막을 내린다. '너는 너를 뜨거운 태양으로부터 보호해 주는 식물 하나를 아꼈다. 그러니 내가 내 구원을 필요로 하는 한 나라 전체를 어찌 아끼지 아니하겠느냐?'(욘 4:10-11 참조).


## 큰 불균형

우리는 "나는 요나와 다르다"라고 말한다. 하지만 너무 성급하게 판단하지 말자. 최소한 다음과 같은 몇 가지 질문으로 우리의 마음을 살펴보자.

- 하나님의 뜻보다 당신 자신의 뜻이 이루어지기를 더 원한 적이 있는가?
- 위험을 무릅쓰고 낯선 사람들과 장소로 가기보다는 익숙한 사람들과 장소의 편안함에 안주하는 편인가? 위

협이 되거나 적으로 간주되는 사람들이라면 더더욱 그들에게 다가가지 않는가?

- 자국의 적으로 간주되는 다른 국가들을 위해 얼마나 기도하는가? 그 국가들이 잘되기를 바라는가?
- 머리로는 하나님의 성품을 알면서도 다른 사람들을 향한 하나님의 연민을 마음으로는 느끼지 못하는 경우가 많은가?
- 당신의 삶 속에 나타난 하나님의 자비를 세상 속에서 이루어져야 할 하나님의 사명과 연결시키지 못할 때가 많은가?
- 다른 사람의 영원한 운명보다 당신의 세상적인 욕심에 더 관심을 가질 때가 많은가?
- 자신의 나라 안에서 편안하게 사는 것과 모든 나라에서 복음을 전하는 것 중에서 무엇을 더 원하는가?

이런 질문에 정확하게 답하려면 주변 세상에 비추어서 자신의 삶을 솔직히 들여다보아야 한다.

예를 들어, 당신은 모든 나라에서 복음을 전하는 것보다 자신의 나라에서 편안하게 사는 것을 더 원하지 않는다고 대답할 수 있다. 하지만 복음이 수십억의 미전도 종족에게 전파되기 위해 당신의 시간과 정력과 자원과 관심을 얼마나 쏟아붓고 있는가? 이것을 당신이 편안한 삶을 누리기 위해 쏟아붓는 시간과 정력과 자원과 관심과 비교해 보라.

내가 당신 대신 답해 줄 수는 없지만, 미국 교회를 대신해서 답할 수는 있다. 숫자에 답이 있다. 미국 크리스천들은 자기 자신을 위해 대부분의 돈을 사용하고, 교회와 여러 선교 단체에는 상대적으로 적은 퍼센티지의 돈을 낸다. 우리가 교회에 내는 돈 중 절대 다수는 우리를 위한 교회 건물과 행사와 프로그램에 투입되고, 헌금 중 상대적으로 적은 퍼센티지만 나라 밖의 사역을 위한 '선교 헌금'으로 사용된다.

그런데 대부분의 크리스천들은 '선교 헌금' 중 실제로 복음을 듣지 못한 나라들의 사람들에게 복음을 전하는 데 쓰이는 돈은 얼마인지 전혀 알지 못한다.

답은 무엇인가? 1퍼센트 이하이다(사실이다. 조사를 해봤다).[2]

우리가 교회에서 우리 자신을 위해 쓰는 수천억 달러 외에 우리가 내는 '선교 헌금'의 약 99퍼센트는 복음이 이미 들어간 남미나 사하라 사막 이남 아프리카로 흘러간다. 다시 말해, 우리는 '선교'를 위해 돈을 낸다고 생각하지만 실제로는 복음을 가장 필요로 하는 수십억의 사람들을 외면하고 있다.

예수님은 "네 보물이 있는 그곳에는 네 마음도 있느니라"

고 말씀하셨다. 미국 교회는 복음을 들어본 적이 없는 사람들에게 복음을 전할 마음이 없는 것이 분명하다. 예수님은 우리가 돈을 어디에 사용하는지를 보면 알 수 있다고 하셨다.

설상가상으로, 복음을 한 번도 듣지 못한 사람들의 숫자는 인구 증가와 함께 매일같이 늘어나고 있다. 이는 우리가 무엇에 헌금을 사용하고 무엇을 위해서 사는지에 관한 큰 불균형을 바로잡지 않으면, 점점 더 많은 사람이 예수님의 사랑을 들어 보지도 못한 채 죽어서 지옥에 갈 것이라는 뜻이다. 우리가 미국 교회와 미국인의 라이프스타일에 자원을 쓰는 동안 한두 사람이 아니라 수십억 사람이 영원한 지옥에 떨어질 것이라는 말이다.[3]

## 일상의 삶을 바꾸라

예수님이 제자들에게 하신 말씀을 찬찬히 살펴보며 당신이 그분의 제자라면 어떻게 살아야 할지 곰곰이 생각해 보라. 예수님이 제자들에게 주신 첫 번째 명령은 "나를 따라오라 내가 너희를 사람을 낚는 어부가 되게 하리라"였다(마 4:19). 그분의 마지막 명령은 훨씬 더 구체적이었다. "너희는 가서 모든 민족을 제자로 삼아"(마 28:18-20). 이 말씀은 와서 세례를 받고 한 장소에서 여러 활동을 하라는 것이 아니었다. 기도를 하고, 교회에 가고, 시간이 나면 성경책을 읽고, 최대한 훌륭한 사람이 되고, 남는 돈을 복음이 필요한 나라들에 보내라는 것도 아니었다. 복 받은 크리스천이 되기 위해 풍요로운 삶을 얻으라는 것도 아니었다. 예수님의 제자가 된다는 것은 모든 열방을 향한 하나님의 목적을 생각하고 바라고 가정과 일터와 교회를 비롯한 삶의 모든 영역에서 그 목적을 추구하는 것을 의미한다.

매일 우리는 이 목적을 생각하고 이 목적을 위해 기도해야 한다. 예수님은 하나님의 이름이 거룩히 여기심을 받고 하나님의 나라가 모든 나라에서 이루어지기를 끊임없이 간구하라고 말씀하셨다(마 6:9-10). 예수님은 무르익어 추수할 때가 된 세상의 밭들에 더 많은 일꾼을 보내 달라고 간절히 기도하라고 말씀하셨다(마 9:35-38). 예수님은 더 많은 장소에서 더 많은 사람에게 복음을 전할 길이 열려지기를 위해서 기도하라고 말씀하셨다(골 4:2-4).

우리 시대에 하나님은 이런 일에 도움이 되는 기술을 전에 없이 풍성하게 제공해 주셨다. 우리는 나라들의 영적 육체적 필요를 이해하기 위한 도구인 스트라투스 어스(Stratus. Earth) 같은 도구를 사용할 수 있다. 조슈아 프로젝트(Joshua

Project)가 만든 '언리치드 오브 더 데이'(Unreached of the Day) 앱을 통해서는 복음을 접하지 못한 수십억의 사람들에 관해서 배우고 그들을 위해 매일 구체적으로 중보기도를 할 수 있다. 기도는 더없이 단순하지만 우리는 기도를 너무도 소홀히 한다. 당신과 나는 아침에 잠자리에서 나오기도 전에 이란과 리비아와 사우디아라비아의 복음화를 위한 하나님의 사역에 동참할 수 있다. 하루를 시작하기에 이보다 더 좋은 방법이 있을까?

스티븐(Stephen)과 제이미(Jamie) 부부는 제자를 양성하고 교회를 확산시키기 위해 세상에서 가장 열악하고 위험한 지역 중 한곳으로 갔다. 그들의 파송에 내가 도움을 줄 수 있어서 더없이 기뻤다. 그들은 자신들과 자신들이 전도하려는 이들을 위해 충성스럽게 기도할 교인들을 모집했다. 그들이 복음을 접할 길이 없는 그 머나먼 타지로 가서 사역하는 동안 이 형제자매들은 그들의 소식을 간절히 기다렸다.

"아미드(Amid)를 위해서 기도해 주세요. 곧 그 친구에게 복음을 전하려고 합니다." 스티븐이 문자 메시지를 보내 오면 이 소그룹은 열심히 기도했다. "아미드를 위해서 다시 기도해 주세요. 예수님을 영접하기 직전입니다." 스티븐과 제이미가 이런 소식을 보내 오고 교회가 기도하기를 반복한 지

몇 년이 지난 어느 날, 아미드는 마침내 예수님을 영접했다.

하나님은 그분 백성들의 기도에 응답하여 역사하셨다. 이 역사는 다양한 방식으로 반복적으로 이루어졌다. 그 결과는 어떠했는가? 하나님은 예수님이 필요한 사람들을 위한 기도를 듣고 응답하셨을 뿐 아니라, 점점 더 많은 교인이 열방의 복음화를 위해 자신들이 매일 감당할 수 있는, 아니 감당해야 하는 역할이 있음을 깨달았다. 그들은 바로 이 일이 기도의 목적이라는 사실을 알게 되었다. 존 파이퍼(John Piper)의 말을 빌자면 기도는 "전시의 임무 수행을 위한 … 무전기다." 그는 이렇게 말한다.

"이것은 마치 야전 사령관(예수님)이 군대를 모아 중요한 임무(가서 열매를 맺으라)를 내리고 각 병사에게 장군의 본부에 연결된 개인 무전기를 배포하며 이렇게 말하는 것과도 같다. "제군들, 장군께서 그대들에게 임무를 내리셨소. 장군께서는 제군들이 이 임무를 완수하기를 원하시오. 장군께서는 그 목적을 위해 제군들 한 명 한 명에게 이 무전기를 주어 그분과 개인적으로 연락할 수 있게 하라고 하셨소. 제군들이 이 임무에 끝까지 전념하고 그분의 승리를 먼저 추구하면 그분은 이 무전기만큼이나 항상 제군들과 가까이 계실 것이오. 그분은 이 무전기를 통해 전술을 지시하고 제군들이 필요로 할 때마다 공중 엄호팀을 보내 주실 것이오."[4]

이어서 파이퍼는 이 무전기를 위한 하나님의 목적을 놓치고, 대신 "철천지원수와의 전쟁에서 화력을 요청하기 위해서가 아니라 은신처 안에서 더 큰 안위를 요청하기 위해 그것을 집과 오두막, 배, 자동차 안의 안내방송처럼 사용하는" 크리스천이 너무 많다고 말한다.

하나님의 궁극적인 목적을 위해 기도를 사용하지 않는다면 기도의 특권을 낭비하는 것이다. 하나님의 궁극적인 목적은 바로 그분의 영광이 모든 나라를 뒤덮게 하는 것이다.

### 복음을 위한 부

하나님의 궁극적인 목적을 알면 예수님의 영이 거하시는 사람으로서 우리가 돈을 사용하는 방식도 변한다. 하나님은 우리를 세계 역사상 가장 부유한 국가 중 한 곳에 두셨다. 과연 우리가 계속해서 더 많고 더 새롭고, 더 좋은 재물을 얻게 하려고 하나님이 우리를 이 나라에 두신 것일까? 기껏 일시적인 재물이나 축재하라고 하시는 것일까? 아니면 하나님은 온 세상이 그분을 예배하게 만들기 위해 우리에게 상대적으로 많은 부를 주신 것일까?

이것이 우리 단체인 래디컬(Radical Inc)에서 영적인 필요와 육체적인 필요가 가장 분명하게 교차하는 지역을 찾기 위해 '어전트'(Urgent)라는 사업을 시작한 이유이다. 즉 복음이 가장 들어가지 못한 동시에 육체적인 필요가 가장 극심한 곳을 돕는 사역이다. 우리는 크리스천들과 교회들이 이 거대한 불균형을 바로잡고 지상대명령을 실질적으로 수행할 길을 찾고자 했다.

당신과 내가 이런 일에 참여할 기회는 전 세계적으로 넘쳐 난다. 나는 북한, 소말리아, 수단, 베트남, 부탄 등지에서 복음을 전하는 형제자매들에게서 수시로 소식을 듣는다. 최근에는 인도, 파키스탄, 아프가니스탄에서 사람들을 예수님께로 인도하고, 교회를 개척하고, 가난한 이들을 돌보고, 압제받는 이들을 옹호하고, 신앙 때문에 갇힌 이들의 자유를 위해 애쓰는 형제자매들과 오찬을 나누었다. 식탁에 앉아 있으면서 내가 이런 놀라운 형제자매와 함께 복음을 전하고 있다는 사실에 한없이 기쁘면서도 한없이 겸허해졌다.

나 스스로 이런 기쁨을 만끽하는 것도 좋지만, 모든 나라를 위해 하나님이 행하시는 역사에 자신이 참여할 수 있다는 사실을 깨달은 미국의 다른 크리스천들의 얼굴에서 이 기쁨을 보는 것도 못지 않게 좋다. 최근 한 대학생에게서 아르바이트로 번 적은 돈을 히말라야의 복음화에 사용하겠다고 적은 이메일을 받았다. 북아프리카와 중동 전역의 복음화를 위해 수백만 달러를 쾌척하고 싶다는 한 억만장자의 이메일도 받은 적이 있다. 현재 그는 나눔을 다른 지역으로 확대하고 있다.

이 얼마나 좋은가. 당신이 대학 기숙사에서 라면으로 끼니를 때우는 학생인지 하나님의 은혜로 돈을 긁어모으는 사업가인지는 중요하지 않다. 우리는 누구나 열방 중에 펼쳐지는 하나님의 목적에서 독특하고도 의미 있는 역할을 감당할 수 있다.

**하나님이 열국을 우리 앞으로 가져오실 때**

물론 기도하고 나누는 것이 전부는 아니다. 실제로 열국으로 가서 제자를 삼을 수도 있다. 그리고 그 일을 당신 집의 현관 바로 앞에서 시작할 수 있다.

수백만 명의 사람들이 여러 나라에서 미국으로 건너왔다. 미국에 완전히 터전을 잡은 이들도 있고, 잠시 머물다가 떠날 이들도 있다. 대학 캠퍼스에서 만날 수 있는 수많은 외국인

학생들이 그런 경우이다. 내가 자란 조지아주의 카운티는 지난 14년 사이에 외국인 인구가 두 배 이상으로 늘어났다. 그들 중 상당수는 복음이 들어가지 않은 곳에서 왔다. 여러 동네에 세워진 힌두교 사원과 회교 사원이 그 증거들이다.

안타깝게도 앞서 말했듯이 복음주의 크리스천들이 외국 이민자들을 향해 가장 날을 세우는 그룹 중 하나라는 조사 결과가 있다. 이 나라의 이민 정책에 우려할 만한 점이 전혀 없다는 뜻은 아니다. 하지만 예수님의 제자들은 이 상황을 누구보다도 기뻐해야 하지 않을까? 하나님이 그분에게서 멀리 떨어져 있는 이들을 우리 가까이로 불러오셔서 세상에서 가장 복된 소식을 전할 수 있게 해주신 것이니 말이다.

우리 교회에서는 이런 방식의 복음 전파가 자주 이루어진다. 한번은 약 두 주 사이에 이런 일이 세 번 연속으로 일어났다.

어느 주일, 예배 후에 로비에 서 있는데 셀린(Celine)이라고 하는 중동 여성이 극도로 긴장한 모습으로 내게 다가왔다. 그녀는 교회에 처음 왔으며 가족들은 자신이 교회에 가는 것을 절대 용납하지 않을 것이라고 말했다. 하지만 전날 밤 꿈에서 누군가가 자신에게 우리 교회에 가서 말씀을 들으라는 말을 했다고 했다.

그녀는 이렇게 말했다. "목사님이 예수님에 관해서 말씀하셨을 때 즉시 그분을 믿고 싶어졌어요." 나는 그녀를 우리 교회의 리더 중 한 명에게 연결시켜 주었고, 오래지 않아 그녀는 세례를 받았다.

바로 다음 주일, 페르시아 출신으로 페르시아어를 사용하는 재스민(Jasmine)이라는 교인이 주차장에 차를 대고 있었다. 그런데 갑자기 아리아나(Ariana)라고 하는 젊은 여성이 차의 창문을 두드렸다. 재스민은 창문을 열고 무슨 일인지 물었다.

"여기 처음 와서 어디로 가야 할지 모르겠어요. 그냥 간밤에 한 남자가 이리로 가라고 하는 꿈을 꿔서 온 거거든요. 좀 도와주실 수 있나요?"

재스민은 미소를 지으며 곧바로 차에서 내렸다. 이야기를 해보니 아리아나도 페르시아에서 태어나 페르시아어를 사용하는 사람이었다. 재스민은 그날 모국어로 아리아나에게 복음을 전했고, 오래지 않아 아리아나는 세례를 받고 예수님의 제자가 되었다.

그 다음 주에 나는 급히 비행기를 타야 할 일이 생겼다. 내가 찾은 유일한 항공편은 집에서 차로 약 1시간쯤 떨어진 공항에서 새벽 5시 30분에 출발하는 비행기였다. 나는 새벽

3시 이전에 일어나 힘겹게 겨우 택시를 불렀다. 택시가 와서 타보니 운전자는 하심(Hasim)이라고 하는 중동에서 온 남자였다. 가벼운 대화를 나누다가 그가 내 직업을 물었다. 내가 목사라고 말하자 백미러로 그의 눈이 반짝이는 것이 보였다.

"해줄 얘기가 있습니다. 우리 이슬람교도들은 예수를 선지자요 위대한 인물로 여기지만 크리스천들처럼 육신을 입은 하나님으로 믿지는 않습니다. 그런데 하루는 밤에 꿈을 꾸었어요. 아주 작은 아기가 마치 어른처럼 또렷하게 말하더군요. 아기는 저를 똑바로 쳐다보며 말했어요. 하나님이 하실 수 있는 일을 의심하지도 과소평가하지도 말라고 하더군요." 계속해서 하심은 내게 물었다. "이 꿈이 무슨 뜻인지 아시겠어요?"

나는 빙그레 웃었다. "제가 해몽가는 아니지만 이 꿈만은 무슨 뜻인지 정확히 알겠군요." 나는 계속해서 이렇게 말했다. "이것만은 확신해요. 하나님은 선생님을 사랑하신답니다. 그리고 하나님은 상상도 못할 일을 하셨어요. 십자가에서 죽으심으로 우리의 죗값을 치르기 위해 이 세상으로, 그러니까 선생님과 제게 오셨답니다." 이슬람교도들은 예수님이 십자가에서 돌아가셨다는 사실을 부인하는 줄 알고 있었지만 상관없이 계속해서 말했다. "예수님은 육신을 입은 하나님입니다. 예수님은 선생님이 죄를 용서받고 하나님과의 관계를 회복할 수 있도록 십자가에서 돌아가셨답니다."

하심의 눈에 눈물이 가득 고였다. 그는 뺨을 타고 흐르는 눈물을 급히 닦으며 미안하다고 사과했다. 하지만 나는 전방을 잘 주시하기만 하면 사과할 필요가 없다고 말했다. 그 말에 그가 웃으면서 말했다. "이런 대화를 나누게 될 줄은 꿈에도 몰랐네요." 나는 뒷좌석에 앉아, 이 택시가 에티오피아 관리를 태운 마차와도 같다고 생각하며 미소를 지었다.

택시가 공항에 도착하자 나는 이렇게 물었다. "선생님, 예수님이 선생님의 죄를 위해 육신으로 이 땅에 와서 돌아가신 하나님이라는 사실을 믿으시나요? 오늘부터 예수님을 따르시겠습니까?"

하심은 고개를 끄덕였다. "네, 믿습니다. 예수님을 따르고 싶습니다."

사도행전 17장 26-27절에 기록된 말씀은 참이다. 정말로 하나님은 여러 나라에서 온 이민자들과 난민들이 예수님을 찾을 수 있도록 그들의 움직임 하나하나를 주권적으로 조율하고 계신다.

하지만 명심하라. 우리가 성경에 기록된 이 진리를 전하면 이민자나 난민에 관한 특정한 정치적 입장을 지지하는 것이 아니라고 아무리 열심히 해명해도 이 나라의 미래에 해로운 이념을 품은 이들로 낙인이 찍히기 쉽다. 하나님이 다른 나라들에서 데려오신 사람들에게 복음을 전하려는 열정보다 이 나라의 이익을 추구하려는 열정이 훨씬 더 강한 것을 보면 안타깝기 그지없다.

### 당신의 삶을 활용하라

나는 목회를 하면서 수많은 사람이 다른 나라에 복음을 전하라는 부르심을 거부하는 모습을 보았다. 그들은 이 나라 안에도 문제가 산재해 있기 때문에 그 문제들에 집중해야 한다고 말한다. 실제로 성경은 모든 크리스천이 짐을 싸서 다른 나라로 이주해야 한다고 가르치지 않는다. 하지만 수십억 명이 복음을 듣지도 못하고 있는 것이 현실이다. 분명 하나님은 더 많은 사람이 그들에게로 가기를 원하고 계신다. 설령 직접 가지 않더라도 그들에게 복음을 전하는 일을 도와야 한다. 성경적으로 볼 때 그것이 하나님의 뜻이다.

글로벌화, 도시화, 이동수단의 발달, 새로운 첨단기술로 모든 나라에 복음을 전하기가 과거보다 쉬워졌다. 따라서 세계 복음화에 더더욱 박차를 가해야 한다. 사도 바울은 오늘날과 같은 편리성을 꿈도 꿀 수 없었다. 그는 한 도시에서 다음 도시까지 배를 타고 몇 달을 가야 했다. 하지만 지금 우리는 하루도 안 되는 시간에 지구를 한 바퀴 돌 수 있다. 바울은 수신인에게 이르기까지 몇 주가 걸리는 편지를 써야 했다. 하지만 인터넷, SNS, 메타버스의 등장이 번역 프로그램의 발달과 맞물려, 이제 우리는 세계 어느 곳에 있는 사람들과도 실시간으로 소통할 수 있다.

최근 비즈니스에서 첨단 기술과 스포츠나 엔터테인먼트까지 사회 각 분야에서 큰 영향력을 미치고 있는 유명한 혁신가들을 만날 기회가 있었다. 그들은 모두 예수님의 제자였다. 우리는 아직 복음을 듣지 못한 사람들을 전도하기 위해 우리 앞에 있는 기회들을 이용할 수많은 기회를 탐구하려고 머리를 맞대었다. 오늘날 하나님이 우리에게 주신 모든 플랫폼과 도구와 자원들을 잘 활용하면 어떤 일이 가능할까? 하나님이 세상 속에서 그분의 목적을 이루라고 주신 이 유례없는 기회들을 생각하면 가슴이 벅차오른다.

복음이 아직 들어가지 못한 지역들에 존재하는 직업 기회들을 생각해 보라. 지난 몇 달 사이에 우리 교회의 한 남자 교인은 서아프리카에 직장을 얻어 가족이 함께 이민을 갔다. 이유가 무엇이었을까? 예수님에 관해 들어보지 못한 사람들에게 복음을 전하기 위해서였다. 우리 교회의 어느 싱글맘은 같은 목적으로 남아시아의 회사에 취직하여 아들과 함께 그곳으로 갔다. 우리 교회에는 이들의 본을 따르려는 이들이 줄을 서 있다. 다른 나라들에서 복음을 전할 수 있는 분야의 학위를 따려는 고등학생들과 대학생들이 부지기수다. 대학을 졸업한 뒤에 중동의 한 병원에 들어간 간호사도 생각난다. 그 간호사는 지금은 자신의 병원을 운영하면서 매주 사람들에게 복음을 전하고 있다. 비행기에서 만난 휴(Hugh)라는 그리스도의 제자를 빼놓을 수 없다. 그의 목재업은 세계 여러 나라로 확장되고 있다. 덕분에 거래를 위한 문만이 아니라 복음 전파를 위한 문이 활짝 열리고 있다.

밤을 새워서 예를 들 수도 있지만 어떤 상황인지 감이 잡혔으리라 생각한다. 하나님은 그분의 영광을 퍼뜨리기 위해 이 세상을 지으셨고, 복음이 들어가지 않는 나라들(대개 복음에 반대하는 나라들)은 사실상 자신도 모르는 사이에 복음 전파를 위한 자금을 대고 있다. 중요한 질문은 이것이다. 하나님의 백성으로서 우리는 우리 삶을 활용하여 그분의 목적을 이루기 위한 그분의 역사에 동참할 것인가?

# 영원이 걸려 있다

하나님의 백성들이 역사 내내 그랬듯이 우리 모두의 마음 속에도 이 글로벌한 목적을 거부하려는 성향이 있다는 점을 알아야 한다. 창세기 11장에서 사람들은 하나님의 영광을 퍼뜨리기 위해 흩어지기를 거부하고, 한 장소에 머물러 자신들의 명성을 쌓는 편을 선택했다. 구약의 이사야서 56장에 따르면 하나님은 성전의 한 뜰 전체를 이방인들이 그분께 예배할 공간으로 마련하셨다. 하지만 신약의 마가복음 11장을 보면 사람들은 이방인들이 지옥에 가는 동안 자신들의 잇속만 챙기기 위해 그 뜰에서 장사판을 열었다.

사도행전에서 복음이 전파되기 시작할 때도 베드로는 유대인이 아닌 이방인들에게 복음을 전했다는 이유로 비판을 받았다. 유대인 위주의 교회들은 복음을 자기 나라 안에만 간직하기 위해 이방인들이 들어오지 못하도록 담을 쌓으려고 했다. 사도행전의 첫머리에서 제자들이 예수님께 던진 질문도 그들이 여전히 모든 민족에게로 확장되는 나라보다 자기 민족을 더 생각하고 있었다는 사실을 보여 준다.

이는 전혀 놀라운 사실이 아니다. 이 세상에는 복음이 모든 나라에 퍼지는 것을 절대 원하지 않는 대적이 있다. 바로 사탄인데, 사탄은 최대한 많은 영혼이 지옥에 가기를 원한다. 그래서 나라들이 하나님 나라에 관한 복음을 듣지 못하도록 온갖 사악한 술수를 펼치고 있다. 정말 진지하고도 심각하게 다시 말하건대, 지금 우리는 죄로 인해 하나님에게서 분리되어 지옥행 급행열차를 타고 있는 (매일 더 늘어나고 있는) 32억 명 이상의 사람들에 관한 이야기를 하고 있는 것이다. 복음을 듣고 믿지 않으면 그들은 이 안타까운 운명에서 벗어날 수 없다.

"하나님, 저희가 이 현실의 무게를 절감하도록 도우소서."

오늘날 우리는 왜 우리의 삶과 가정과 교회 안에서 복음을 듣지 못한 사람들에게 끊임없이 이야기하지 않고 있는가? 왜 우리는 모든 나라에 복음을 전하기 위해 끊임없이 기도하고 나누고 찾아가고 보내고 지원하고 모든 희생을 감내하지 않고 있는가? 우리가 대놓고 말하지는 않지만 수십억 명이 지옥에 가든 말든 신경 쓰지 않는 교회 문화에 익숙해진 것은 아닐까?

우리가 환멸을 느끼는 것도 무리는 아니다. 우리를 향한 하나님의 목적을 무시하면 결코 하나님의 임재에서 오는 온전한 만족을 경험할 수 없기 때문이다.

또한 우리는 분열되어 있다. 하지만 우리가 함께 시간을 내어 신음하는 시리아 난민들과 수단의 굶주린 가족들의 얼굴을 들여다본다면 논쟁이 가득한 교회 안의 분위기가 바뀌지 않을까? 그들은 예수님이 자신들을 천국에 보내기를 얼마나 원하시는지에 관해 듣지 못한 채 지옥으로 향하고 있다. 우리가 함께 그들의 얼굴을 본다면 서로의 의견 차이를 바라보는 시각이 달라지지 않을까? 서로 싸우기보다는 그들을 위해 싸우게 되지 않을까?

최근 SNS에서 고등학교 졸업을 앞두고 있는 한 소녀의 동영상을 보았다. 여기서는 그 학생을 크리스틴(Kristen)이라고 부르자. 크리스틴은 모르몬교 교인이다. 전통적으로 거의 모든 모르몬교 학생들은 고등학교를 졸업하고 난 뒤 한 해 동안은 집에서 나와 조셉 스미스(Joseph Smith)의 가르침을 전한다. 물론 모르몬교의 가르침은 영원을 구원해 주는 성경적인 복음이 아니라 영혼을 지옥에 떨어뜨리는 가짜 복음이다.

동영상에서 크리스틴은 집에서 한 편지를 읽고 있다. 곧 집을 나와 선교 활동에 참여해야 한다는 사실을 통보하는 편지이다. 그 편지를 읽는 크리스틴은 기대감에 전율한다. 자신의 임무(가족과 떨어져 어디선가 모르몬교를 전하는 일)를 자세히 설명하는 대목에 이르자 그 아이의 얼굴에 환한 미소가 떠오른다. 순간, 카메라가 돌면서 박수를 치고 환호하며 축하하는 가족들과 친구들의 모습을 비춘다.

도대체 왜 이런 일이 일어나고 있는가? 왜 안타깝게도 가짜 복음을 믿는 사이비 종교의 일원이 예수 그리스도의 진짜 복음을 가진 크리스천들보다 열국으로 나가는 일에 더 기뻐하고 흥분하는가? 그리스도의 참된 신부인 우리 크리스천들은 왜 다음 세대가 복음을 들고 열국으로 나갈 기대감에 부풀어 오르도록 훈련시키고 응원하지 않는가?

내가 우리 교회와 대학 캠퍼스에서 만나 시간을 보내는 모든 학생들이 생각난다. 그들은 복음을 열국으로 가져가는 데 가장 큰 걸림돌은 사실 본인의 크리스천 부모라고 입을 모은다. 부모들은 자녀에게 공부하고 운동하고 악기를 배우라고 말한다. 부모들은 자녀가 책상 앞에 붙어 있는지 종일 감시한다. 부모들은 자녀에게 온갖 활동을 시키며, 좋은 대학에 가서 좋은 학점을 받아 좋은 직장에 들어가 많은 돈을 벌고 번듯한 가정을 꾸려 풍족한 은퇴 생활을 즐기라고 가르친다. 물론 이렇게 하는 것 자체가 나쁜 일은 아니다. 하지만 이렇게 하는 중에도 더 중요한 질문을 던져야 한다. 우리는 자녀가 그분의 지상명령을 수행하도록 훈련시키고 있는가?

혹은 어쩌면 이보다 더 중요할 수도 있는 질문을 생각해 보자. 부모와 어른들이 지상명령에 헌신하는 삶이 어떤 모습인지를 다음 세대에 보여 주고 있는가? 오늘날 학생들이 부모와 교회의 어른들에게서 하나님의 영광을 위한 열정과 모든 사람을 향한 사랑을 보고 있는가? 어른이자 부모인 우리가 모든 나라에 복음을 전하겠다는 불타는 열정과 의욕과 비전을 아이들에게 보여 주고 있는가? 세계 복음화야말로 성경에서 보여 주는 기독교의 비전인데, 지금 이 나라는 전혀 다른 비전을 던지고 있다.

이제 하나님의 백성이 우선순위를 재조정하고 목적을 회복해야 할 때이다. 세상 어느 나라보다도 큰 자유와 자원과 기회를 누리는 이 나라에서 남녀노소를 따지지 않고 모두 하나님께 받은 선물들에 감사하며 그분을 찬양해야 마땅하다. 이런 선물을 다음 세대에 전해 주는 것은 더없이 좋은 일이다. 하지만 예수 그리스도의 복된 소식을 루안스와 비에토 같은 '30억 명'의 사람들에게 전해 주는 것이 무한히 더 중요하고 만족스러운 일이다. 그리고 그 일만큼 우리를 하나로 묶어 주는 것도 없다. 그 30억 명이 복음을 듣고 믿느냐에 그들의 영원한 운명이 달려 있다.

6

# 복음의 목표는
하나님이다

나는 한국 서울의 꽉 찬 예배당 맨 앞자리에 앉아 설교 원고를 훑어보고 있었다. 그 교회의 목사 중 한 명이 설교단에서 설교를 시작했지만 '그 일'이 벌어지기 전까지는 나는 그저 내 원고에만 집중하고 있었다.

느닷없이 포효가 예배당을 가득 채웠다. 화들짝 놀란 내가 주변을 둘러보니 모두 "주 예수!"를 외치고 있었다. 그러더니 이내 모두 장내가 떠나갈 듯 큰 소리로 기도하기 시작했다. 어떤 이들은 고개를 숙였고 다른 이들은 손을 높이 들고 있었다. 대부분은 눈을 감고 강렬한 열정을 발산했다. 한 사람도 빠짐없이 모두가 간절하게 울부짖으며 간구하고 있었다.

나는 통역을 담당한 내 친구에게 고개를 돌려 물었다. "무슨 일인가요?"

"기도하는 겁니다. 주 예수를 외치며 기도하는 겁니다."

"목사님이 무슨 말씀을 하셨기에 다들 저렇게 기도하나요? 무언가 문제가 생겼나요?"

"목사님은 특별한 말씀을 하시지 않았습니다. 여기서는 원래 항상 이렇게 기도해요."

절박한 분위기는 멈추지 않았다. 모두가 계속해서 기도하고 또 기도했다. 내 친구는 교인들이 어떤 기도를 드리고 있는지 설명해 주었다. "하나님을 찬양하는 분도 있고, 받은 은혜에 감사하는 분도 있네요. 죄를 고백하는 분이 있는가 하면 어려운 사람을 위해 중보기도를 하는 분도 있어요."

"언제까지 기도하나요?"

"끝날 때까지요. 이분들은 금요일 밤부터 토요일 아침까지 잠을 자지 않고 밤새 기도해요. 매일 새벽 4시에 모여서 한두 시간, 길면 세 시간씩 기도하는 분들도 있죠."

주변을 둘러보면서 나는 그 교인들이 최신 찬양을 듣기 위해서 밤에 모인 것이 아니라는 사실을 깨달았다. 그들은 내 설교를 듣고 싶어서 모인 것도 아니었다. 이 거대한 무리는 하나님을 만나겠다는 열정으로 예배당을 가득 채운 것이었다.

40년간 교회 안에서 살아오고 그 세월의 절반 동안 교회를 이끌어 오면서 이런 절박한 기도는 한 번도 경험해 보지 못했다. 매일은커녕 단 한 번이라도 새벽 4시에 모여서 두세 시간 동안 기도하는 교회를 본 적이 없었다. 나는 개인적으로도 교회 차원에서도 철야기도를 해본 적이 없었다.

그 기도의 함성, 하나님을 향한 그 절박하고 열정적인 목소리들을 듣노라니 한 가지 깨달음이 찾아왔다. 나는 수많은 활동을 하기를 좋아하는 미국 교회 문화에 속했고, 그 문화를 이끄는 리더이다. 우리는 프로그램과 활동에 참여하고, 한자리에 모여서 아이디어와 계획을 토론한다. 카리스마 넘치는 음악가와 강연자들을 섭외하여 행사를 진행한다. 하지만 단지 하나님을 만나겠다는 열정만으로 모이는 경우는 좀처럼 없다.

미국의 교인들은 하나님을 목적으로서 추구하고 그분 안에서 만족을 얻기보다는 다른 온갖 목적을 위한 수단으로 그분을 보고 있는 듯하다. 나는 이것이 미국 교회가 현재와 같은 상태에 처한 단 하나의 이유는 아니더라도 주된 이유들 중 하나라고 믿는다. 오랫동안 우리는 아메리칸 복음에 빠져 가장 필요한 것, 아니 가장 필요한 '분'이 아닌 다른 온갖 것들을 더 열심히 추구해 왔다. 그래서 나는 우리가 하나님만을 가장 중요한 목적으로 삼고서 개인적으로 그리고 다함께 모여서 하나님께 간절히 부르짖는 것이 가장 시급한 일이라고 믿는다.

## 복음의 선물

하나님 자신이 복음의 목적이다. 하나님 자신이 가장 큰
선물이요 궁극적인 목표이며 가장 귀한 상이다. 성경은 처
음부터 끝까지 계속해서 이 점을 분명히 보여 주고 있다. 창
세기에서 첫 인간인 아담이 흙더미에서 형성되어 하나님 앞
에 서 있는 장면을 상상해 보라. 역사상 처음으로 인간이라
는 존재가 의식을 갖고 보고 생각하고 느끼고 움직이기 시작
한다. 하나님은 그에게 이렇게 말씀하신다. "저 흙이 보이느
냐? 1초 전만 해도 너는 저 흙이었느니라. 방금 내가 너의 폐
에 생명을 불어넣었다. 그래서 지금 네가 나와 함께 있는 것
이다." 아담은 경외감이 가득한 눈으로 하나님을 바라보고
순전한 예배 가운데 하나님과 동행하기 시작한다. 이 아름다
운 동산에 곧 하와가 합류하면서 숨 막히도록 놀라운 삶이 펼
쳐진다. 남자와 여자는 하나님과의 순전하고도 온전한 교제
를 누리며 살도록 창조되었다.

하지만 이 경이롭고 아름다운 예배와 완벽한 교제는 영원
하지 않았다. 죄가 그것을 파괴했다. 그때 벌어진 사람과 하
나님 사이의 틈은 요한계시록까지 이어진다. 요한계시록에
서 하늘이 땅으로 내려오고 성경은 다시 한번 이렇게 선포한
다. "보라 하나님의 장막이 사람들과 함께 있으매 하나님이

그들과 함께 계시리니 그들은 하나님의 백성이 되고 하나님은 친히 그들과 함께 계셔서"(계 21:3). 천국이 그토록 좋은 것은 우리가 거짓 복음을 통해 자주 상상하는 황금으로 된 거리나 아름다운 대저택 때문이 아니다. 우리는 마치 하나님이 경제적 번영을 향한 경주에서 우리를 이기기 위해 경쟁하고 계신 것처럼 천국을 부의 집합체로 상상한다. 하지만 천국이 그토록 좋은 것은 그곳에서 예수님의 제자들이 마침내 하나님과 완벽히 함께하게 된다는 사실 때문이다. 하나님과 함께하는 것은 이 세상의 가장 좋은 것들을 모두 합친 것보다도 무한히 더 좋다.

창세기 1장에서 요한계시록 22장까지 성경 이야기 전체는 하나님과의 이런 교제를 갈망하는 남녀들의 이야기이다. 시편 기자는 이 갈망을 잘 표현하고 있다. "내가 여호와께 바라는 한 가지 일 그것을 구하리니 곧 내가 내 평생에 여호와의 집에 살면서 여호와의 아름다움을 바라보며 그의 성전에서 사모하는 그것이라"(시 27:4). 그는 "한 가지 일"이라고 말한다. 그는 다른 어떤 것보다도 하나님과 함께하는 것을 원한다. 그는 단지 하나님을 바라보기만을 원한다. 그는 단지 하나님과 이야기를 나누기만을 원한다. 하나님은 그가 원하는 전부이다.

잠시 멈춰서 생각해 보자. 우리도 그러한가? 하나님이 우리가 원하는 전부인가?

아니면 우리는 다른 많은 것을 원하는가? 솔직히 답해 보자. 하나님이 우리의 '목적'인가? 하나님이 우리의 목표요 선물이며 인생 최대의 상인가? 아니면 우리에게 하나님은 수만 가지 원하는 것들을 얻기 위한 '수단'에 불과한가?

## 찾고, 갈망하고, 앙모하다

이것이 시편 63편의 놀라운 점이다. 시편에서 다윗의 언어를 유심히 보라.

> "하나님이여 주는 나의 하나님이시라 내가 간절히 주를 찾되 물이 없어 마르고 황폐한 땅에서 내 영혼이 주를 갈망하며 내 육체가 주를 앙모하나이다"(시 63:1).

보다시피 다윗이 가장 원하고 간절히 찾는 것은 바로 하나님이다.

이 구절에서 '찾다'(seek)라는 단어는 새벽(dawn)에 해당하는 히브리어 명사와 관련된 아름다운 시적 표현이다. 이 단

어느 아침에 눈을 뜨는 순간부터 사막에서 물을 절실히 원하듯 하나님을 갈망하는 사람의 모습을 그려 준다. 같은 장의 뒤 구절에서 다윗은 하나님을 음식보다 더 갈망한다고 말한다(5절). 다윗은 아침부터 저녁까지 이런 갈망에 휩싸여 있다. 그는 하나님께 이렇게 말한다. "내가 나의 침상에서 주를 기억하며 새벽에 주의 말씀을 작은 소리로 읊조릴 때"(6절).

다윗이 하나님께 사로잡혀 있는 것처럼 보이지 않는가? 마치 좋아하는 소녀를 종일 생각하는 소년 같다. 이 '한 가지'만 얻을 수 있다면 죽어도 좋을 것이라고 생각하는 중독자처럼 보인다.

성경을 읽을수록 믿음의 핵심이 하나님께 사로잡히는 것이라는 사실을 발견할 수 있다. 빌립보서에서 바울의 말을 들어 보라. "내게 사는 것이 그리스도니 죽는 것도 유익함이라"(1:21). 이 얼마나 놀라운 말인가. 바울은 죽는 것이 곧 하나님과 함께하는 것임을 알기에 어서 죽기를 원하고 있다. 이것이 그가 이렇게 말하는 이유이다. "차라리 세상을 떠나서 그리스도와 함께 있는 것이 훨씬 더 좋은 일이라"(빌 1:23). 이 상황은 마치 내가 오랫동안 출장을 가 있다가 아내에게 "너무 보고 싶소. 어서 이곳을 떠나 당신의 곁으로 가고 싶소"라는 문자 메시지를 보내는 것과도 비슷하다. 바울은 "예수님을 향한 나의 마음이 이와 같습니다. 아무것도 필요 없습니다. 그냥 그분과 함께 있고만 싶습니다"라고 말한다.

예수님께 사로잡히는 것이 예수님의 제자가 되는 것의 핵심이다. 누가복음 14장 26절에서 예수님은 무리에게 이렇게 말씀하신다. "무릇 내게 오는 자가 자기 부모와 처자와 형제와 자매와 더욱이 자기 목숨까지 미워하지 아니하면 능히 내 제자가 되지 못하고." 물론 성경은 우리에게 아버지와 어머니를 공경하고 자녀와 가족을 돌보라고 명령한다. 하지만 여기서 예수님은 세상에서 가장 가까운 사람들에 대한 마음조차도 상대적으로 미움처럼 보일 만큼 그분을 열정적으로 사랑하라고 명령하신다. 그래서 예수님은 마태복음 10장에서도 비슷한 말씀을 하신다. "아버지나 어머니를 나보다 더 사랑하는 자는 내게 합당하지 아니하고 아들이나 딸을 나보다 더 사랑하는 자도 내게 합당하지 아니하며"(37절).

바로 이것이 크리스천이 되는 것의 핵심적인 의미이다. 기독교는 하나님께 완전히 사로잡히는 것이며, 예수 그리스도의 복음을 통해 이것이 가능해진다.

### 하나님을 덜 사랑하다

하지만 우리 가운데서 그런 열정적인 사랑은 실종된 지

오래이다. 심지어 이제 그런 사랑은 우리에게 낯설기까지 하다. 이제 우리에게 하나님은 '중독의 대상'(우리가 간절히 원하는 한 가지)이라기보다는 그냥 있으면 더 좋은 (우리가 원하는 다른 많은 것과 함께) '보너스' 정도일 뿐이다. 우리가 사랑하는 수많은 것과 수많은 사람의 목록에 하나님을 추가한 것이 지금 우리의 기독교이다.

우리는 가족, 친구, 건강, 일, 돈, 성공, 섹스, 스포츠, 운동, 음식을 비롯해서 이 세상의 수많은 것을 사랑한다. 물론 우리는 하나님을 믿는다. 우리는 하나님을 예배한다고 말한다. 하지만 친구나 가족보다 하나님을 더 원하는가? 안위나 성공보다 하나님을 더 원하는가? 돈이나 재물이나 이 세상의 쾌락보다 하나님을 더 원하는가? 사람들의 인정보다 하나님을 더 원하는가? 잠이나 운동을 비롯해서 바쁜 일정 속에 채워 넣는 온갖 것들보다 하나님과 함께하는 시간을 더 원하는가? 음식보다 하나님의 말씀을 더 원하는가?

우리는 위와 같은 질문을 던지는 것조차 이상하게 생각한다. 내 가족을 사랑하는 것이 나쁜 것인가? 가족을 많이 사랑하는 것이 잘못인가? 가족을 위해 목숨이라도 내놓을 수 있는 것이 잘못인가? 같은 맥락에서 안위와 성공과 돈과 재물과 쾌락과 좋은 평판과 잠과 운동과 음식처럼 하나님이 주시는 좋은 것들을 즐기는 것이 잘못인가?

성경은 이런 질문에 대해 "아니다"라고 분명히 대답한다. 디모데전서 6장 17절을 보면 우리 하나님은 "모든 것을 후히 주사 누리게 하시는 하나님"이시다. 가족과 친구를 사랑하고, 남들을 위해 기꺼이 목숨을 내주고, 하나님이 주시는 모든 종류의 선물을 즐기는 것은 성경적으로 지극히 옳은 것이다.

하지만 여기서 문제가 발생할 수 있다. 조심하지 않으면 이런 선물을 너무 사랑한 나머지, 이런 것을 주시는 하나님보다도 더 사랑하게 될 수 있다. 여기서 한 걸음 더 나아가면, 가족이나 건강, 취미, 재물, 이 세상의 쾌락을 사랑하고 이런 것에 대해 하나님께 감사하면서 정작 하나님을 사랑하지는 않는 일이 발생할 수 있다.

이것이 무슨 뜻일까? 바다 한복판에서 당신 혼자 풍랑 속에 갇힌 상황을 상상해 보라. 당신이 탄 작은 배가 당장이라도 뒤집어질 듯 요동친다. 당신이 물에 빠져 죽는 것은 시간문제다. 그런데 저 파도 너머에서 당신 쪽으로 다가오는 커다란 배가 보인다. 배는 당신의 작은 배 앞에 멈추고 승무원들이 당신을 끌어올린다. 자, 안심이 되지 않겠는가?

하지만 가만히 생각해 보라. 큰 배가 당신을 구해 준 것이 감사하지만 그렇다고 해서 그 배의 선장을 사랑하게 될까? 아마도 그렇지는 않을 것이다. 이처럼 구원은 원하지만 구원자는 원하지 않는 일이 생길 수 있다.

이 나라에서 우리가 기독교라고 부르는 것이 바로 이런 모습이지 않을까 생각된다. 우리는 지옥에 가기 싫어서 천국행 구명정에 기꺼이 몸을 싣는다. 하지만 우리의 삶을 가만히 돌아보면 우리가 우리를 구원해 주시는 분을 진정으로 원하는지 심히 의심스럽다. 다시 말해, 온갖 종류의 좋은 것은 감사하게 즐기고 심지어 하나님께 감사하면서도 그분께 마음은 주지 않을 수 있다. 우리의 마음은 선물에만 쏠려 있다.

선물을 주시는 분보다 선물을 더 사랑하고 바라는 것은 기독교가 아니다. 그것은 우상숭배다.

### 마음의 질문들

그렇다면 우리의 마음은 왜 이와 같은가? 어떻게 하면 선물보다 선물을 주시는 분을 더 사랑할 수 있을까? 이런 질문에 대한 성경의 답은 분명하면서도 우리의 직관에 반하는 것으로 반직관적이다. 다시 말해, 하나님은 우리의 성향과 완전히 상반되는 말씀을 주셨다.

앞서 인용했던 시편 63편의 도입부를 보면 이런 부분이

나온다. "다윗의 시, 유다 광야에 있을 때에." 다윗이 이 시편을 쓸 때 정확히 어떤 상황에 처해 있었는지는 알 수 없다. 하지만 대부분의 성경학자들은 다윗이 아들 압살롬의 반역으로 도망 중이었다고 판단한다. 어떤 경우든 다윗은 한때 즐겼던 많은 선물을 상실한 어두운 상황에 처해 있었다. 안위, 번영, 좋은 평판, 가족 및 하나님 백성과의 공동체, 안전까지 모든 것이 사라졌다. 육체적으로 그는 "나의 영혼을 찾아 멸하려 하는" 자들에게 죽임을 당할 위험에 처해 있었다(시 63:9). 이런 상황에서 다윗은 무엇을 절실하게 찾았을까?

다윗이 찾던 것은 미국에 사는 우리가 절실하게 찾는 것과 전혀 다르다. '광야'에서 우리는 주로 안위나 번영과 좋은 평판처럼 우리가 잃어버린 '것들'을 절실하게 원한다. 혹은 우리에게 해를 끼치는 자들에게 정의의 심판이 임하기를 절실하게 원한다. 물론 성경에서 다윗의 여러 기도를 찬찬히 읽어 보면 이런 것을 원하거나 요청하는 것은 전혀 잘못이 아니다.

하지만 다윗은 그보다 다른 것, 아니 다른 '분'이 더 필요하다는 사실을 알았다. 그래서 이 광야에서 그는 실로 놀라운 반응을 보인다. 그는 온갖 좋은 선물에 대한 갈망이 아니라 하나님에 대한 갈망을 표현한다. 시편 63편에 기록된 다윗의 말에 다시 귀를 기울여 보라.

"제가 당신의 선물이 아닌 '당신'을 간절히 찾습니다.

제 영혼이 당신의 선물이 아닌 '당신'을 갈망합니다.

제 육체가 당신의 선물이 아닌 '당신'을 앙모합니다!

제가 '당신'을 바라보았습니다.

제가 '당신'을 보았습니다.

제가 '당신'을 송축합니다.

제가 밤새 '당신'을 생각하며 제 영혼이 '당신' 안에서 만족합니다."

하나님의 선물을 모두 합친 것보다 하나님 자신이 더 낫다.

바울도 이 진리를 알았다. 바울은 예수님과 함께하고 싶은 마음을 격정적으로 표현한 책인 빌립보서를 쓸 때 감옥에 갇혀 있었다. 자유를 포함해서 모든 좋은 선물을 빼앗긴 상태에서 그는 이렇게 썼다. "나는 … 모든 일 곧 배부름과 배고픔과 풍부와 궁핍에도 처할 줄 아는 일체의 비결을 배웠노라." 비결은 무엇이었을까? 그 비결은 바로 "내게 능력 주시는 자" 곧 그리스도와의 교제였다(빌 4:12-13). 바울에 따르면 오직 예수님 안에서만 발견되는 능력과 만족이 있다. 그것은 그분이 주시는(혹은 주시지 않는) 그 어떤 선물보다도 좋다.

사실, 바울은 이 비결에 관해서 쓰기 직전에 자신이 이 세상에서 누렸던 좋은 선물들을 구체적으로 나열한다. 훌륭한 가문, 사회적 지위, 영향력 있는 리더의 지위, 좋은 평판이 그것들이다. 감방 안에서는 이런 선물 중 대부분이 사라졌다. 하지만 바울은 이런 선물을 갈망하기는커녕 이 선물들이 한 가지에 비하면 "배설물"과도 같다고 말한다. 그가 가장 사랑하는 한 가지는 바로 예수님을 아는 것이다(빌 3:7-10). 바울은 예수님이 이 모든 좋은 선물을 모두 합친 것보다 무한히 더 좋다고 실제로 믿었다.

자, 우리의 질문으로 돌아가 보자. 첫째, 우리의 마음은 왜 선물을 주시는 분보다 선물을 더 갈망하는가? 예수님을 통해 육신으로 나타나신 하나님이 우리에게 얼마나 참된 만족을 주시는지 제대로 모르기 때문이 아닐까? 이것은 인류 최초의 죄가 나타난 원인이었다. 아담과 하와는 하나님보다 선물을 선택했다. 열매와 그 열매가 자신들에게 가져다주리라 생각되는 좋은 것들을 선택했다. 그들은 하나님이 어떤 분이신지를 망각했다. 그들은 하나님이 그분 안에서 그들에게 주시려는 풍성하고도 무한한 만족을 보지 못했다. 그리고 그 뒤로 우리 역시 같은 것을 놓쳐 왔다.

하지만 시편 63편을 읽어 보면 다윗은 하나님의 사랑이 생명 자체보다도 낫다는 사실을 깨닫고 그분의 선하심과 영광과 능력에 압도되었다. 빌립보서를 읽어 보면 바울은 예수님을 끝없는 기쁨의 샘, 초월적인 평안의 우물, 초자연적인 능력의 근원, 참된 사랑 자체, 영생의 저자로 묘사하고 있다. 그래서 다윗과 바울은 이 세상의 선물들보다 하나님을 원했다. 그것은 하나님이 어떤 분이신지 알았기 때문이다. 오직 하나님만이 진정한 만족을 주실 수 있다는 것을 알았기 때문이다.

우리가 선물을 주시는 분보다 선물을 더 원하는 것은 무엇보다도 선물을 너무 높게 여기고 하나님을 너무 낮게 여기기 때문이다. 내 가족과 친구들을 비롯해서 이 세상에서 가장 좋은 것들을 생각해 보면 한 가지가 분명해진다. 내 아내는 정말 훌륭하기는 하지만 영생의 저자는 아니다. 아내는 초자연적인 능력의 근원이 아니다. 아내, 아이들, 친척, 친구, 교회, 직업, 집, 평판, 그 외에 내가 이 세상에서 가진 그 어떤 것도 하나님의 영광과 능력과 사랑과는 비교 자체가 안 된다. 하나님이 무한히 더 좋다. 그래서 하나님은 그분 자신으로 나를 만족시키기를 진정으로 원하신다.

이는 두 번째 질문으로 이어진다. 선물보다 선물을 주시는 분을 향한 이런 종류의 사랑과 갈망을 어떻게 경험할 수 있을까? "더 노력하라!"는 분명 답이 아니다. "하나님을 사랑하고 갈망해야 한다. 지금 당장 그렇게 하라!"라고 말하는 책이나 설교 따위는 필요하지 않다. 생각해 보라. 내가 아내를 사랑하는 것은 누군가가 그렇게 하라고 시켰기 때문이 아니다(물론 하나님은 내게 아내를 사랑하라고 말씀하시지만). 내가 아내를 사랑하는 것은 … 그 이유를 전부 이야기하자면 이 책의 남은 부분을 전부 할애해도 모자랄 것이다. 내가 아내를 사랑하는 것은 아내와 함께 있는 것이 좋고 아내도 나와 함께 있는 것을 좋아하기 때문이다. 내가 아내를 소중히 여기고 아내도 나를 소중히 여기기 때문이다. 또한 우리가 수많은 가치를 공유하고, 수많은 추억을 함께 쌓았으며, 아내가 모든 면에서 나를 더 나은 사람으로 성장시키기 때문이다. 내게 아내를 더 사랑하기 위해서 노력하라고 말할 필요가 없다. 왜냐하면 나는 아내를 있는 그대로 사랑하고, 아내도 나를 얼마나 깊이 사랑하는지 알기 때문이다.

우리가 하나님을 향한 사랑을 경험하려면 인간적으로 더 노력할 필요가 없다. 단지 '새로운 마음'을 얻으면 된다. 이 세상에서 형성된 마음과 근본적으로 다른 마음이 필요하다. 하나님이 우리의 눈을 새롭게 열어 그분이 얼마나 형언할 수 없이 놀랍고 절대적으로 매력적이신지 (어쩌면 난생처음으로) 보게 해주셔야 한다. 하나님이 우리를 얼마나 사랑하시고 우리와 함께하기를 얼마나 원하시며 그분과 함께하는 것이 얼마나 좋은지를 깨달아야 한다. 그리고 우리가 어떻게 그분을 거부하고 그분보다 이 세상의 것들에서 만족을 추구했는지를 깨달아야 한다.

다시 말해 회개해야 한다. 여기서 내가 말하는 '회개'는 그저 "미안합니다"라고 말하는 것이 아니다. 오직 하나님만이 은혜로 우리 안의 깊은 곳에서 끌어올려 주실 수 있는 참된 회개가 필요하다. 개인적으로 그리고 교회 안에서 다 함께 무릎을 꿇고 하나님께 눈물로 부르짖어야 한다. 가족, 친구, 안위, 섹스, 성, 돈, 세상 재물, 쾌락, 권력, 좋은 평판, 잠, 운동, 음식, 그리고 생명까지 우리가 하나님보다 더 소중히 여기거나 바라거나 사랑하는 모든 것을 솔직히 고백해야 한다. 무한한 영광과 권능과 변함없는 사랑의 하나님이 이 세상의 좋은 선물을 다 합친 것보다 무한히 좋다는 사실을 믿고서, 다른 무엇보다도 그분을 갈망해야 한다.

### 고백: 나는 하나님을 이용했습니다

이런 회개의 필요성을 나부터 먼저 인정해야 하다. 하나님보다 선물을 더 원하는 죄에서 나는 그야말로 죄인 중에 괴수이다. 나는 내 삶의 다른 목적을 위한 수단으로 하나님을 이용하는 능력에서 둘째가라면 서러울 정도이다.

앞서 언급했던 《래디컬》 책을 쓰고 나서 한동안 눈코 뜰 새 없었던 기억이 난다. 그 책은 날개 돋친 듯이 팔렸고, 나는 미국 전역과 전 세계 곳곳에 강연자로 불려 다녔다. 내가 목회하는 교회는 폭발적인 성장을 거듭했다. 기분이 정말 짜릿했다. 나는 열심히 노력하면서 교회 안에서 온갖 흥미진진한 경험을 했다. 겉으로는 모든 것이 더없이 좋아 보였다.

하지만 그 긴 기간에 하나님과 단 둘이 보내는 시간은 사실상 전무했다. 물론 예배 중에 대표 기도를 하기는 했다. 하지만 홀로 하나님을 만나는 시간은 거의 없었다. 성경을 공부할 때도 하나님을 알기보다 설교 준비를 하기 위해서 할 때가 대부분이었다.

지금 생각해도 아찔하다. 그리스도를 향한 진정한 갈망이 전혀 없어도 교인들과 주변 기독교 문화의 눈에는 '성공한' 크리스천으로 비칠 수 있다는 사실이 두렵기까지 하다. 내 삶속에서 예수님은 너무도 쉽게 목적을 위한 수단으로 전락했다. 나는 교회와 선교 기관을 유명하게 키우고 내 명성을 높이기 위해 그분을 이용했다. 하지만 그분을 진정으로 원하지는 않았다. 이 얼마나 심각한 상황인가.

다행히 은혜의 하나님은 나를 회개로 이끄셨다. 하나님은 내 눈을 열어 그분보다 그분의 선물을 더 열심히 추구하는 내 모습을 똑똑히 보여 주셨다. 그때부터 내 삶의 많은 것이 변하기 시작했다. 가장 먼저, 매일 아침 하나님과 집중된 시간을 갖기 시작했다. 그분의 은혜로 그 시간이 점점 더 달콤해졌고, 당연히 그 시간은 점점 더 늘어났다.

흥미롭게도, 그 시절을 돌아보면 거의 모든 면에서 지금과 정반대였다. 요즘 내 삶은 큰 난관과 비판이 가득하고 인기는 줄어들었다. 내 평판은 바닥을 기고 있다. 이 시기는 내 인생에서 가장 힘든 시기 중 하나이다. 하지만 분명히 말하건대 나는 지금이 더 좋다. 지금 나는 하나님과 전에 없이 친밀한 관계를 누리고 있다.

그리고 내가 어떤 사실을 발견했는지 아는가? 하나님이 더 낫다는 사실을 발견했다. 하나님은 내가 전에 생각했던 것보다 훨씬 더 낫다. 얼마 전 밤에 아내와 데이트를 하다가 이런 말을 했던 기억이 난다. "요즘 정말 힘들었어요. 하지만 하나님을 더 깊이 알고, 더 깊이 사랑하게 되었죠. 하나님과 전에 없이 친밀한 관계를 누리고 있어요. 하나님이 목표라면 요즘이 내 인생 최고의 시절이 아닐까 싶어요."

좋은 소식이 있다. 정말로 하나님이 목표다. 하나님은 복음의 목적이다. 선물이 아무리 좋다 해도 우리는 이 세상의 그 어떤 것보다도 하나님을 필요로 한다.

**용병의 삶에서 벗어나라**

복음이 그토록 위대한 이유가 여기에 있다. 하나님은 당신과 내가 가진 것이 많든 적든 그분 안에서 온전한 만족을 누릴 길을 마련해 주셨다. 하나님은 독생자 예수님을 세상에 보내 십자가 위에서 우리의 죗값을 치르고 무덤에서 일어남으로 죽음을 이기고 하늘로 승천하며 그분을 믿는 모든 사람에게 이렇게 선포하셨다. "내가 너를 죄에서 구원할 뿐 아니라 나 자신으로 네 영원을 만족시킬 것이다. 너와 나의 교제를 회복시킬 것이다."

이것이 성경적인 복음이며, 오늘날 우리에게는 이 복음을 믿고 경험하는 일이 절실히 필요하다. 당신이 살면서 겪은 난관과 시련과 상처를 내가 다 알지는 못한다. 하지만 많은 사람이 나보다 훨씬 더 힘든 삶을 살아왔으리라 생각한다. 그런데 이 고난의 한복판에서 성경적인 복음은 이 세상의 가장 좋은 것을 전부 합친 것보다 더 좋은 분이 계신다고, 그분만으로 우리 영혼의 갈망을 채우고도 남는다고 선포한다.

이런 면에서 예수님의 복음은 아메리칸 복음과 근본적으로 다르다. 아메리칸 복음은 "하나님께로 오면 (    )을 얻을 것이다"라고 말한다. 이 괄호 안에는 사회적인 지위나 정치 권력, 국력, 개인적인 안위를 넣을 수 있다. 이 괄호 안에 용서, 지옥 면죄부, 천국행 티켓을 넣을 수도 있다. 하지만 성경적인 복음은 전혀 다른 초대를 한다.

"하나님께로 오면 … 하나님을 얻는다."

하나님을 유일한 목적이요 가장 큰 상으로 추구하라는 이 참된 복음 초대는 오늘날 교회를 물들이고 있는 이념을 씻어 내기 위한 진정한 해독제다.

극심하게 분열된 교회 안에서 우리는 진정한 화해를 이끌어 낼 수 있는 유일한 분을 절실히 찾아야 한다.

악한 불의와 비방과 비열한 꼬리표 붙이기의 한복판에서 우리는 우리를 변호하고 참된 정체성을 주겠노라고 약속하시는 의로운 보호자를 절실히 찾아야 한다. 정치와 권력 다툼이 판을 치는 이 나라와 교회 안에서 우리는 자신의 권세를 언제나 선하게 사용하는 전능하신 왕을 절실히 찾아야 한다. 스캔들, 성폭력, 이어지는 은폐의 한복판에서 우리는 절대 우리를 실망시키지 않는 리더이자 모든 것을 바로잡으실 심판관이요 치유자이며 구속자이신 분을 절실히 추구해야 한다.

다시 말해, 내게 가장 필요한 '한 가지'는 하나님 자신을 바라보고 그분과 함께하며 그분과 대화하고 그분 안에서 쉬는 것이다. 우리는 이 세상이 앗아 갈 수 없는 초자연적인 만족과 은혜와 평강과 소망의 샘이신 하나님만을 찾아야 한다.

이것을 깨달으면 이 순간의 난관들도 주권적인 하나님의 손에서 뜻밖의 도구가 될 수 있다는 점을 이해하기 시작한다. 우리를 지극히 사랑하시는 하나님은 우리가 그분 안에서 온전한 삶을 누릴 수 있도록 난관을 통해 우리에게서 하찮은 것들을 떼어 내실 것이다.

《그리스도를 본받아》(The Imitation of Christ)를 쓴 중세의 저자 토마스 아 켐피스(Thomas Á Kampis)는 이렇게 썼다.

> "항상 위안(하나님의 좋은 선물들)을 찾는 이들은 용병이라 불려 마땅하지 않은가? 항상 자신의 이익을 생각하는 이들은 그리스도보다 자신을 사랑하는 이들이 아닌가? 아무 대가 없이 하나님을 섬기려는 이를 어디서 찾을 수 있는가?"[1]

몇 문단 뒤에서 토마스 아 켐피스는 이렇게 말한다. "하지만 그런 사람보다 부유한 사람은 없다. 모든 것을 내려놓을 (그리고 오직 예수님만을 부여잡을) 줄 아는 사람보다 더 강하고 자유로운 사람은 없다."[2]

이런 사람이 되고 싶은가? 예수님을 생명으로 삼고 싶은가? 그렇다면 돈 버는 데만 관심있는 용병의 종교를 버려야 한다. 선물들에서 궁극적인 만족을 찾으려고 하지 말자. 하찮은 것들을 사랑했던 것을 회개하고 하나님께로 달려갈 때 찾아오는 부와 능력과 자유를 누리자. 하나님의 사랑은 그야말로 생명보다 낫다.


## 소리와 영의 큰 조화

이런 종류의 회개는 오늘날 한국에서 강하게 나타나는 하나님의 역사를 촉발시켰다. 때는 1907년이었다. 당시 한반도의 크리스천은 인구의 1퍼센트도 채 되지 않았다. 한국 교회는 극심한 핍박과 배척을 당하고 있었다. 이에 교회 리더와 교인과 선교사들은 낙심하고 서로 분열되어 있었다. 그들에게는 하나님이 필요했다. 그들도 알 수 있었다.

그러던 차에 약 1,500명의 크리스천들이 하나님을 찾기 위해 현재 북한의 수도인 평양에 모였고 하나님은 상상할 수도 없는 강력한 임재로 그들을 만나 주셨다. 부흥회 첫날 밤에 교회 리더들은 갑자기 자신들이 하나님의 은혜를 절실히 필요로 하는 구제불능의 죄인이라는 강한 자각에 휩싸였다. 그들은 교인들 앞에서 자신들의 죄를 구체적으로 고백하기 시작했다. 아무에게도 말하지 않고 가슴 깊이 꽁꽁 숨겨 두었던 죄까지 서로에게 털어놓았다. 그때부터 고백 릴레이가 시작되었다. 예배당 곳곳에서 교인들이 자발적으로 일어나 눈물로 회개의 기도를 드리며 하나님께 자비를 호소했다.

어느새 많은 사람이 동시에 큰 소리로 기도하고 있었다. 어느 목사는 이 현장을 다음과 같이 기록했다.

"많은 기도 소리가 한꺼번에 터져 나왔지만 전혀 혼란스럽지 않고 소리와 영의 큰 조화가 나타났다. 거부할 수 없는 기도의 충동에 휩싸인 영혼들이 한데 어우러졌다. 내 귀에 기도는 폭포수처럼 들렸다. 기도의 바다가 하나님의 보좌를 때리는 것처럼 들리기도 했다. 마치 오순절의 그날처럼 … 그날 밤 울음소리와 함께 하나님이 평양의 우리 가운데로 오셨다. 기도가 계속되는 가운데 죄의 무거움을 느끼고 슬퍼하는 영이 온 교인에게 임했다. 한쪽에 누군가가 울기 시작하자 순식간에 예배당 전체가 울음바다로 변했다."[3]

그리고 그는 또 다른 사람의 증언도 함께 인용했다.

"교인들이 차례로 일어나 눈물로 죄를 고백하고 나서 바닥에 쓰러져 뉘우침의 고통 가운데 주먹으로 바닥을 쳤다. 한 교인이 죄를 고백하고 나서 외치는 소리가 예배당을 가로질러 건너편의 내 귀에까지 빨려 들어왔다. '목사님, 알려 주세요. 저한테 조금이라도 소망이 있나요? 제가 용서받을 수 있나요?' 그러고 나서 바닥에 쓰러져 울고 또 울었다. 고통에 울부짖었다. 고백의 시간이 끝나고 얼마 후 온 성도가 큰 소리로 기도했다. 수백 명이 큰 소리로 기도하는 모습은 실로 형용하기 힘든 장관이었다. 잠시 후 또 다른 고백 후에 주체 못할 울음이 다시 시작되었다. 모두 함께 울부짖었다. 울음을 참으려고 해도 참을 수 없었다. 그렇게 고백하고 울고 기도하는 모임은 새벽 2시까지 이어졌다."[4]

가볍게 시작된 모임이 뜨거운 부흥회로 발전했다. 부흥회는 다음 날, 그 다음 날, 그 다음 날까지 이어졌다. 마침내 이 크리스천들은 각자의 마을과 교회로 흩어졌고, 각 마을과 교회에서 비슷한 부흥회가 계속되었다. 사람들은 매일 그저 기도하기 위해서 꼭두새벽같이 모였고, 금요일에는 밤새 기도했다. 이 크리스천들은 그리스도 안에서 연합을 경험했고, 많은 사람이 그리스도를 영접했으며, 전국에 교회가 생겨났다.

이 성령의 역사는 거기서 멈추지 않았다. 수년, 수십 년이 흘러도 성령의 역사는 하나님을 찾는 사람들 가운데서 계속되었다. 백 년이 흐른 지금, 한국에는 천만 명이 넘는 크리스천이 있다. 북한에도 숫자는 알 수 없지만 핍박받는 형제자매들이 있다. 오늘날 한국은 미국을 제외하고 그 어떤 나라보다 많은 선교사를 배출하고 있다. 한국의 크기가 인디애나주 정도밖에 되지 않는 것을 감안하면 실로 놀라운 일이다. 잠시 멈춰서 이것이 얼마나 놀라운 일인지를 느껴 보라.

현재 크리스천의 숫자가 1퍼센트 이하인 국가를 생각해 보라. 예를 들어, 아프가니스탄이 그렇다. 지금으로부터 백 년 뒤 아프가니스탄에서 예수님의 제자가 천만 명이 넘을 수 있을까? 아프가니스탄이 전 세계로 선교사를 보낼 수 있을까? 하나님께는 전혀 불가능한 일이 아니다.

하나님이 한반도에서 이런 역사를 행하셨고 아프가니스탄에서도 행하실 수 있다면, 이 나라에서도 하나님은 크리스천들의 병든 마음을 치유해 주실 수 있다. 우리가 그분을 찾기만 하면 얼마든지 그런 역사가 일어날 수 있다. 밤낮으로 그분을 찾으라. 개인적으로, 그리고 다 함께 그분을 찾으라. 열정적으로, 그리고 지속적으로 그분을 찾으라. 입술로 죄를 고백하고 회개하면서 큰 소리로 부르짖으라. 다 함께 오직 하나님만을 찾으라.

## 더 크신 하나님을 찾으라

나는 이런 역사가 일어날 수 있다고 굳게 믿는다.

한국에서 돌아온 나는 우리 교회에서 철야기도회를 시작했다. 저녁 8시에 시작해서 다음 날 새벽 6시까지 함께 전심으로 기도했다. 함께 하나님을 찬양하고 서로에게 죄를 고백하며, 하나님의 한량없는 자비에 감사하고, 우리 교회와 도시, 나라들을 위해 중보기도를 하는 시간은 감동 그 자체였다. 지금은 우리 교회에서 이런 철야기도회를 매주 하지는 않고 있지만 심야기도회나 철야기도회는 내가 가장 좋아하는 시간이 되었다. 예수님의 제자로서 가장 후회되는 일 중 하나는 이런 기도회를 경험하기까지, 아니 하나님을 이런 식으로 경험하기까지 40년이나 걸렸다는 것이다.

우리 교회는 아직도 갈 길이 멀었지만 다른 이들, 특히 다음 세대가 우리를 위해 본을 보이고 있다는 사실이 너무도 감사하다. 나는 18-20세 사이의 젊은이 수백 명과 함께 이틀간 시간을 보내고서 막 집으로 돌아왔다. 그들은 예수님을 제대로 따르기 위해 6개월간의 집중적인 훈련을 하는 중이다. 내가 도착한 첫날 밤, 이 학생들은 야외 모임에서 두 시간 내내 두 손을 들고 목소리를 높여 하나님을 예배한 뒤에 바닥에 바짝 엎드려 기도했다.

다음 날 아침, 학생들은 다시 함께 모여 한 시간 동안 예배와 기도를 했다. 모임 내내 그들은 세상의 나라들을 일일이 불러 가며 그곳에서 하나님의 영광이 드러나게 해달라고 기도했다. 그날 오후 그들은 또 다시 같은 목적으로 두 시간 동안 모였다. 늦은 밤에도 같은 모임이 진행되었다.

이 학생들은 하루에 3-5시간 동안 예배 가운데 하나님을 찾고 우리 나라를 비롯하여 세상 모든 나라의 교회들을 위해서 기도하고 있다. 시편 27편의 표현을 빌리자면 그들은 하나님의 아름다움을 바라보고 그분의 성전에서 사모하는 일에 몰두해 있다. 이 나라에서 하나님을 이토록 강하게 갈망하는 학생들은 일찍이 본 적이 없다. 그들은 자신들이 원하는 '단 한 가지'가 하나님임을 알고 그분을 열심히 찾고 있다. 그들은 바로 이것이 예수님을 따르는 것이라는 사실을 깨달았다. 예수님을 따르는 것은 곧 하나님이 이 세상의 모든 것을 합친 것보다 낫다고 믿는 것이다.

바로 이것이 이번 장의 요지다. 하나님이 더 낫다.

"하나님은 가족과 친구보다 낫다.
하나님은 개인적인 안위보다 낫다.
하나님은 사람들의 박수갈채보다 낫다.

하나님은 사회적 지위보다 낫다.

하나님은 정치권력보다 낫다.

하나님은 경제적 번영보다 낫다.

하나님은 세상의 지위보다 낫다.

하나님은 (뭐든 써 넣으라)보다 낫다."

물론 모든 크리스천이 매일 3-5시간씩 다른 크리스천들과 모여서 기도와 예배로 하나님을 찾을 수는 없다. 하지만 하나님이 가장 좋고 위대하고 영광스럽다고 진정으로 믿는 사람은 거의 집착과 중독에 가까운 열정으로 그분을 찾고 어떤 대가가 따르더라도 그분을 섬기게 되어 있다.

무엇보다도, 하나님이 가장 좋다고 믿는 사람들은 그분 안에서 궁극적인 만족을 찾는다. 다른 좋은 것이 아무리 많아도, 혹은 다른 모든 것이 다 사라져도, 그분 안에서 궁극적인 만족을 찾는다.

# DON'T
# HOLD
# BACK

## PART 2

'철저한' 돌이킴을 넘어
'온전한' 살아 냄으로

예수를 따름에 물러서지 않게 하는
6가지 실천들

# 나의 열심과 최선이 아닌
# 예수의 영광을 위해 살다

나와 함께 성경 박물관 맨 위층으로 돌아가 보자. 워싱턴 D.C.의 지평선을 쭉 훑어보라. 미국 정부의 중심지를 보라. 권력의 중심지에 대법원, 국회의사당의 돔, 백악관 같은 눈에 띠는 건물들이 줄지어 있어 우리의 상상력을 자극하고 경탄을 자아낸다. 우리 눈앞에 역사상 존재했던 가장 강력하고 부유한 국가 중 하나인 미국의 중심부가 펼쳐져 있다.

하지만 아이러니하게도 우리가 앉아 있는 건물은 전혀 다른 이야기를 보여 준다. 우리 발아래에는 약 2-3천 년 전에 쓰인 책(성경책)에 대한 찬사의 글이 있다. 이 책은 이 나라의 많은 이들이 시대에 맞지 않는 구시대의 유물로 여기는 책이다. 하지만 이 책은 우리 앞에 보이는 어떤 것보다도 훨씬 더 큰 힘을 지니고 훨씬 더 큰 번영을 줄 수 있다고 주장한다. 그리고 힘과 번영을 약속하는 이 두 길은 극명하게 다르다.

세계 초강대국의 수도에서 힘과 번영으로 가는 길은 자기 결단과 자기발전으로 포장되어 있다. 제임스 트러슬로우 애

덤스(James Truslow Adams)는 '아메리칸 드림'이란 표현을 만들어 낸 것으로 알려져 있다. 그는 이 아메리칸 드림을 "모든 남녀가 가진 잠재력만큼 다 이룰 수 있고 있는 모습 그대로 남들에게 인정을 받는 … 꿈"으로 설명한다.[1] 아메리칸 드림은 누구나 잠재력을 최대한 실현하고 그에 따라 대접을 받을 수 있다고 주장한다.

하지만 성경에서 참된 힘과 번영으로 가는 길은 자신을 미워하는 길이다. 예수님은 요한복음 12장 25절에서 그렇게 말씀하신다. "자기의 생명을 사랑하는 자는 잃어버릴 것이요 이 세상에서 자기의 생명을 미워하는 자는 영생하도록 보전하리라." 물론 이는 우리 안에 있는 하나님 형상의 아름다움을 하찮게 여기라는 말씀이 아니다. 다만, 우리 안에서 이 형상이 망가져 있기 때문에 예수님은 먼저 자신을 부인하고 꿈이 아닌 십자가를 지라고 말씀하신다. 성경적인 복음은 자신을 십자가에 못 박으라는 부름이다.


## 아메리칸 복음에서 벗어나 예수 복음으로

지금쯤 아메리칸 복음과 예수님의 복음이 근본적으로 다른 초대라는 사실을 분명히 이해했으리라 믿는다. 우리는 둘

다 선택할 수 없는데, 오늘날 교회 안에는 그런 시도의 잔해
가 가득하다. 자, 이제 우리는 둘 중 하나를 선택해야 한다.

- "예수 그리스도의 복음과 그분 말씀의 권위를 중심으로 그리스도의 신부로서 연합할 것인가. 아니면 이 국가의 이상과 개인적인 지위를 중심으로 사교 클럽으로서 연합할 것인가.
- 그리스도께서 폐지하신 인종적 분열 위로 다리를 놓을 것인가. 아니면 이 나라가 유지시켜 온 이 틈을 더 깊게 팔 것인가.
- 하나님의 진리를 높일 것인가. 아니면 우리의 생각을 최고로 여길 것인가. 연민의 자세로 하나님의 진리를 전할 것인가. 아니면 다음 세대에 거부감을 심어 줄 것인가.
- 정의를 행하고 자비를 베풀면서 살 것인가. 아니면 평생 정의에 관해서 논쟁만 하고 자비를 실천하지 않을 것인가.
- 모든 나라를 제자로 삼겠다는 열정으로 복음을 모르는 이들에게 복음을 전할 것인가. 아니면 이 나라를 위대하게 만들겠다는 열정으로 복음을 모르는 이들을 모른

체할 것인가.

- 이생과 내세에 우리 삶의 상으로서 하나님을 추구할 것
인가. 아니면 결국 사라질 상을 얻기 위해 하나님을 이
용할 것인가."

아메리칸 복음은 아메리칸 드림에 기독교의 색깔만 입힌
가짜 복음이다. 안락을 추구하는 복음은 교회 안에 분열을
낳고 열국과 다음 세대를 지옥으로 몰아감으로 그리스도의
이름에 먹칠을 한다. 하지만 성경적인 복음은 대계명과 지상
대명령에 이타적이고 희생적이며 과감한 순종을 요구한다.
이 진짜 복음은 교회 안에 그리스도께 영광이 되는 연합을 낳
고, 열국과 다음 세대의 구원으로 이어진다.

당신의 삶과 교회 안에서 성경적인 복음을 받아들이기를
강권한다. 하지만 어디서부터 시작해야 할까? 아래에서 설명
할 여섯 단계를 고려하라. 이 여섯 단계가 아메리칸 복음을
흔적조차 지워 버리고 성경적인 복음 속으로 온전하게 들어
가는 좋은 출발점이 되리라 믿는다. 이 여섯 단계가 모든 것
을 담고 있지는 않지만 이 나라에서 우리가 예수님의 제자로
서 함께 더 나은 미래로 나아가기 위한 유용한 출발점이 되어
줄 것이다.

# 1. 하늘에서처럼 이 땅에서 공동체를 이루라

천국에 가면 이 땅에 있을 때 우리와 인종, 신념, 나이가 달랐던 많은 사람과 함께하게 될 것이다. 그런데 하나님이 원하시는 공동체를 경험하기 위해 꼭 천국에 갈 때까지 기다릴 필요가 있을까? 무엇보다도 예수님이 이 땅에서도 그런 공동체를 가능하게 하셨고, 그런 공동체를 즐기라고 명령까지 하셨지 않은가.

아메리칸 복음이 우리 마음에 미치는 영향 중 하나는 심각한 개인주의이다. 교회에 대해 환멸을 품을 만한 이유가 넘치지만 교회로부터 단절되는 것은 답이 아님을 알아야 한다. 답은 어떻게든 하나님이 뜻하신 교회를 이루어 나가는 것이다. 예수님을 중심으로 연합한 가족 즉 이 세상의 것과 다른 가족을 이루어야 한다.

그렇다. 자신이 속한 교회에 헌신하자. 그 교회의 교인들과 함께 복음의 공동체를 이루자. 우리 교회에서 교인들에게 강력히 권하는 것 중 하나는 '교회 공동체'에 참여하는 것이다. 기본적으로 교회 공동체란 가족처럼 서로를 돌보고 그리스도 안에서 함께 자라며 세상 속에서 함께 제자들을 삼기로 결단한 형제자매들의 그룹이다. 우리는 가능하다면 그룹에 다음과 같은 사람들을 포함시키도록 권장한다. 인종이 다른 사람들. 개인적인 입장과 신념이 다른 사람들. 다양한 세대. 교회 그룹에 이 중 한 부류라도 빠져 있다면 교회 그룹 밖에서라도 그런 종류의 공동체를 이루도록 권장한다. 생김새나 생각, 나이, 인생의 단계가 비슷한 사람끼리만 어울려서 신앙생활을 하는 것은 바람직하지 않다.

당신의 삶이나 교회에서 정확히 어떻게 하면 좋을지는 나도 알 수 없다. 다만 이 세 가지 범주를 고려하면서 시작해 보면 되리라 생각한다. 교회마다 사정이 다르겠지만 성경에서 보여 주는 다양성 속의 연합을 최대한 추구하기를 바란다.

다음 단계로 넘어가기 전에 이런 공동체를 이루는 것은 대개 쉽지 않다는 말을 덧붙이고 싶다. 난관을 예상하고 대비하라. 성경에 "서로 용납하여"라는 골로새서 3장 13절과 같은 명령이 포함된 것은 우리가 참아 주기 힘든 사람들(그리고 우리를 참아 주지 못하는 사람들)을 만날 수밖에 없기 때문이다. 이 외에도 성경에는 크리스천 공동체를 위한 58개의 '서로' 명령이 기록되어 있다. 그러므로 서로의 말에 귀를 기울이고, 서로를 격려하고, 서로의 좋은 점을 봐주고, 서로를 기쁘게 하고, 서로를 위해 각자의 취향을 내려놓고, 서로를 용서하라는 명령을 포함해서 이 모든 명령에 순종하기 위해 노력하라.

성경적인 공동체를 이루기는 쉽지 않다. 하지만 정말이지

이 세상에 교회만 한 공동체는 없다. 온갖 배경과 온갖 시각을 가진 사람들이 서로를 가족처럼 돌보고 함께 하나님을 향해 자라 가며 세상 속에서 모든 나라에 가장 좋은 소식을 전하는 공동체. 하늘에서와 같이 이 땅에서 이런 공동체를 이루면서 시작하라.

## 2. 아침과 저녁에 오랜 시간 동안 하나님을 찾으라

우리가 전진하기 위해 가장 필요한 '한 가지'는 하나님을 우리 삶과 우리 교회의 상급으로 여겨 그분을 만나기 위해 간절히 부르짖는 것이다. 그렇다면 밤낮으로 오랜 시간 그분을 찾아야 한다. 매일 기도와 말씀 가운데 하나님과 단 둘이 보내는 시간을 이미 정해 놓았다면 그것을 출발점으로 삼으라. 가능하면 어느 정도 긴 시간 동안 집중적으로 하나님과 교제하고, 그분께 찬양하고 기도하며, 그분의 음성을 듣고, 때로는 그분 앞에 그저 조용히 앉아 있으라. 아침에 일찍 일어나서, 혹은 낮에 따로 시간을 떼어 두고, 아니면 늦은 밤에라도 그분을 만나라. 때는 언제든지 상관없지만 서두르거나 방해를 받지 말고 오직 하나님께만 집중하는 시간을 가져야 한다. 그런 습관을 기르면 당신의 영적 삶에 혁명이 일어날 것이다. 아니, 삶 자체가 송두리째 달라질 것이다.

이 활동을 개인적으로만 하지 마라. 남들과 함께 하라. 우리가 함께 하나님을 찾을 때만 얻을 수 있는 유익이 있기 때문이다. 가장 좋은 것은 성경적인 공동체를 이루려는 사람들과 함께 하나님을 찾는 것이다. 어느 정도 긴 시간 동안 온 교인이 모여서 함께 기도하면 좋다. 여의치 않다면 교회 내에서 소그룹으로 모이라. 최소한 한두 시간을 아침에 함께 모여 기도하는 시간으로 정하면 좋다. 물론 저녁 시간에 모여 몇 시간 동안 하나님의 말씀으로 기도해도 상관없다. 예를 들어, 금요일 밤에 시간을 정할 수 있다. 철야기도회에 참여할 것을 강력히 권하고 싶다.

철야기도회와 같이 긴 시간에는 다양한 방식과 자세로 하나님을 찾는 편이 좋다. 일어서거나 앉거나 무릎을 꿇거나 찬양을 부르거나 큰 소리로 기도하거나 침묵하는 식의 다양한 방법을 동원하라. 하나님의 말씀을 읽고 그 말씀에 따라 기도할 수도 있고 찬양할 수도 있다. 죄를 고백하거나 필요한 것을 부르짖거나 남들을 위해 중보기도를 할 수도 있다. 완전히 즉흥적인 방식으로 기도회와 예배를 진행해도 좋고, 철저한 계획에 따라 진행해도 좋다. 예를 들어, 세 시간 동안 함께 하나님을 찾는다면 다음과 같이 진행할 수 있다.

- 30분간 큰 소리로 경배의 기도와 찬양을 드린다.
- 30분간 큰 소리로 감사의 기도와 찬양을 드린다.
- 30분간 죄를 고백한다.
- 30분간 특정한 성경 구절들을 놓고 기도한다.
- 30분간 다음 세대를 위해 기도한다.
- 30분간 복음이 들어가지 않은 특정한 나라들을 위해 중보기도를 한다.

밤새 기도한다면 1시간 단위로 쪼개서 진행해도 좋다. 남들과 함께 기도할 때는 각 시간을 다른 사람들이 다른 주제나 강조점에 관해서 다른 방식으로 이끌도록 맡길 수 있다. 어떤 식으로 하든 성령이 하나님과의 깊은 교제로 이끄시도록 맡기라.

오래전 누군가에게서 "하나님은 무심코 오가는 이들에게 그분 마음 깊은 곳에 있는 것들을 밝히 보여 주시지 않는다"라는 말을 들었다. 이 말이 내 뇌리에서 떠나지 않았고, 특히 혼자 혹은 다른 성도와 함께 장시간 기도하는 시간을 가지면서 이 말이 사실임을 발견했다. 몇 시간 내내 하나님을 찾은 뒤에야 비로소 경험할 수 있는 하나님과의 친밀함이 있다. 그분과 오랜 시간 함께할 생각이 없다면 그런 친밀함을 놓칠 수밖에 없다. 그러니 혼자 혹은 다른 사람과 함께 오직 하나님만을 찾는 데 집중하는 시간을 따로 떼어 놓으라. 아침과 저녁에 오랜 시간 그분을 찾으라. 다른 목적을 위한 수단으로서가 아니라 가장 중요한 목적으로서 그분을 찾으라.

### 3. 하나님 말씀을 암송하라

하나님을 알려면 하나님의 말씀을 알아야 하며, 하나님의 말씀을 알려면 그 말씀에 깊은 확신과 열정이 있어야 한다. 바시르와 모스카 같은 핍박받는 형제자매들처럼 말이다. 그들처럼 하나님의 말씀을 우리의 생각, 우리나라의 이상들, 우리의 정치적 입장, 세상의 트렌드를 비롯한 그 어떤 것보다도 소중히 여기고 신뢰해야 한다. 개인적으로 하나님의 말씀으로 우리의 생각을 바꾸려면 최대한 많은 말씀을 암송해서 머릿속에 넣어 두는 것보다 더 좋은 방법은 없다고 생각한다.

"나는 암송에 소질이 없어"라고 말하는 독자들도 있을지 모르겠다. 실제로 그럴지도 모른다. 나는 하나님이 각 사람에게 은혜를 다른 방식과 다른 분량으로 주셨다고 믿는다. 암송은 당신의 강점이 아닐지도 모른다. 하지만 만약 당신이 지금부터 내일까지 한 구절을 외울 때마다 내가 천 달러를 준다면 최소한 시도는 해보지 않겠는가? 기억력에 심각한 장애가 있지 않다면 수천 달러 때문에 꽤 많은 구절을 외울 것이다.

천 달러 도전에 비추어 시편 119편 72절을 보라. "주의 입의 법이 내게는 천천 금은보다 좋으니이다." 핵심은 실제로 외울 수 있느냐 하는 것이 아니다. 핵심은 돈과 하나님의 말씀 중 무엇이 우리에게 더 중요하느냐 하는 것이다. 다시 말해, 목적을 위한 수단으로서만 하나님의 말씀을 추구하는가? 아니면 당신에게는 하나님의 말씀 자체가 목적이 될 만큼 가치가 있는가?

성경은 우리의 삶 전체를 투자할 만한 가치가 있는 보물이다. 따라서 하나님의 말씀을 알기 위해 삶 전체를 투자해야 한다. 이미 날마다 성경을 읽고 공부하고 묵상하고 있는가? 하지만 거기서 한 걸음 더 나아가기를 바란다. 성경을 통째로 원어로 외우라고는 하지 않겠다. 다만 성경의 한 장이라도 외워 보지 않겠는가?

빌립보서 1장이나 야고보서 1장, 로마서 8장과 같은 식으로 신약 서신서의 한 장을 선택할 것을 추천한다. 며칠마다 최소한 한 구절씩 외우려고 해보라. 한 장 전체를 머릿속에 넣을 때까지 계속해서 한 절씩 더하라. 매일 한두 시간씩 집중적인 암송 시간을 가져도 좋다. 그렇게 해서 얼마나 많은 구절을 외울 수 있는지 보라. 외운 구절은 꼭 복습하는 시간을 가져야 한다. 사람마다 외우는 방식이 다르다. 자신에게 잘 맞는 방식을 찾아서 사용하라.

최소한 다른 사람 한 명과 함께하면 좋다. 그렇게 하면 서로를 격려하고 도울 수 있다. 읽을 말씀을 어떻게 삶에 적용할지에 관해서도 서로 토론하라. 그렇게 해서 한 장을 마치면 이왕이면 계속해서 실천하라. 성경 전체를 외울 때까지 계속해서 도전하라.

이 글을 쓰면서 나는 우리 교회 전체가 요한일서 1장을 외우기로 했을 때 이 도전을 받아들인 한 교인이 생각났다. 그는 그 전까지는 성경을 한 장도 외워 본 적이 없었지만 이번에는 온 마음을 다해 도전했다. 그는 아침에 십대 아들을 차로 태워다 주면서 함께 다음 구절을 외우거나 이전 구절들을 복습했다.

첫 번째 장을 마친 뒤에 아들이 아빠를 보며 말했다. "여기서 끝은 아니죠?"

"당연하지." 아빠는 그렇게 말했고, 부자는 요한일서 전체를 암송할 때까지 계속했다. 이 도전이 이 부자에게 미친 영향은 말로 다 표현할 수 없을 정도다. 서로의 관계뿐 아니라 하나님과의 관계가 몰라보게 달라졌다. 부모와 자식이 함께 하나님의 말씀을 머리와 마음에 새기는 것보다 더 귀한 시간이 있을까.

무엇보다도 하나님의 말씀을 소중히 여기는 사람이라면 이런 암송을 실천해야 마땅하다. 매일 사방에서 끊임없이 날아오는 세상의 메시지를 차단하고, 하나님의 말씀을 집중적으로 묵상하고 암송하는 시간을 가지라. 그런 습관을 기르고, 그 여행에 다른 사람을 초대하라. 성경의 한 장으로 시작한 뒤에 계속해서 한 장씩 더해 가며 하나님께 더 가까이 나아가라. 그러면서 하나님의 말씀으로 당신의 생각을 바꿔 나가라.[2]

## 4. 세상 문화를 거스르는 하나님의 연민을 보여 주라

2장의 끝에서 나는 크리스천이 아니거나 우리와 의견이 매우 다른 사람들을 향한 우리의 자세에 관해 일련의 질문을 던졌다. 거기서 나열했던 사람들은 대개 크리스천과 관련하여 나쁜 경험을 가진 사람들, 최소한 교회에 부정적인 인상을 가진 사람들이다. 그런 사람들의 목록에는 학교 위원회에서 진보적인 성향의 위원들, 낙태 찬성 운동가, 이슬람교도를 비롯한 다른 종교인들, 동성애자, 우리와 다른 정당을 지지하는 사람들, 이외에 다양한 문제에서 우리와 의견이 다른 사람들이 포함될 수 있다. 이외에도 많은 사람을 이 목록에 포함시킬 수 있다.

이제 우리와 의견이 다른 사람들에게 세상의 문화에 반하는 카운터 컬처의 연민(countercultural compassion)을 보여 줄 때다. 그들에게 우리가 하나님의 말씀을 무기로 휘두르는 대신 그 말씀에 따라 사랑과 자비를 베푸는 모습을 보여 주어야 한다. 주변에서 크리스천들이 자신에게 적대적일 것이라고 생각하는 사람들 중 최소한 한 명에게 다음과 같은 세 가지 행동을 해보기를 강권한다.

1. 삶을 나누라. 개인적인 차원에서 그들을 알려고 노력하라. 그들에게 진심으로 친구가 되어 주라. 그들의 문제에 귀를 기울이라. 그들의 시각에 관해서 배우라. 그들의 이야기를 이해하려고 노력하라. 그들의 좋은 면을 보라. 그들이 마음을 연다면 당신의 이야기도 나누라.

2. 연민을 보이라. 그들을 돌보기 위해 노력하라. 사심 없이 그저 하나님의 사랑을 보여 주겠다는 마음으로 그렇게 하라. 예수님이 가르쳐 주신 대로 그들을 당신 자

신처럼 사랑하라.

3. 그들을 향한 진정한 사랑으로 복음을 전해 주라. 혹시 잊어버렸을지 몰라 복음을 정리한 내용을 다시 소개한다.

> "복음은 공의롭고 은혜로우신 우주의 창조주께서 절망적으로 악한 사람들을 보시고 육신을 입으신 하나님인 아들 예수님을 보내 십자가에서 그 죄의 심판을 받게 하시고 그분의 부활을 통해 죄를 이기는 능력을 보여 주신 덕분에 어느 나라의 누구든지 죄와 자기 자신에게서 돌아서서 예수님을 구주로 믿으면 죄를 용서받고 하나님과의 관계를 회복하여 그분과 영원토록 살 수 있다는 복된 소식이다."

관계가 어느 정도 진행되면 이 진리를 전해 주라. 그들의 눈이 열려 예수님의 진리와 아름다움, 그리고 그들을 향한 그분의 사랑을 보게 해달라고 기도하라. 그들을 그분 안에서의 삶으로 이끌 기회를 달라고 기도하라.

삶을 나누고, 연민을 보여 주고, 복음을 전해 주라. 크리스천들과의 관계 때문에 예수님에 관한 잘못된 관념을 얻은 이들이 많다. 그들과의 일상적인 상호작용 속에서 이렇게 하는 습관을 기르라. 하나님의 말씀에 대한 굳은 확신과 세상 모든 사람(그렇다, 모든 사람!)을 향한 자비와 연민으로 이렇게 하라.

## 5. 정의를 행하라

3장에서 나는 정의를 행하기 위한 여러 가지 방법들(이 방법들이 다는 아니지만)을 소개했다. 고아들을 품에 안고, 우리 지역의 과부들을 돕고, 국경에서 난민들을 섬기고, 이민자들을 우리 집에 초대하고, 성노예들을 인신매매범들에게서 구해 내고, 교도소를 찾아가고, 학대 피해자들을 돌보고, 원치 않는 임신으로 힘들어하는 이들의 곁을 지켜 주라고 말했다. 이 외에도 하나님의 성품과 성경의 가르침에 비추어 옳고, 사람들에게 유익한 많은 일을 행하라고 말했다.

이렇게 하면서 성령의 능력으로 주변 세상에서 정의를 행할 힘을 주시는 하나님을 찬양하는 시간을 가지라. 그런 다음 기도하면서 하나님이 당신의 삶이나 가족이나 교회 안에서 정의를 행할 또 다른 길을 보여 주시는지 깊이 고민해 보

라. 추가적으로 할 일을 한두 가지 혹은 세 가지 정도 생각해 보라. 혹시 하나님이 당신을 입양으로 부르고 계시는가? 과부나 한부모, 태중에 있는 아기들, 난민들을 도우라고 말씀하시는가? 특정한 지역에서 빈곤이나 범죄를 낳는 요인들에 관해 조사하고 그곳에서 신음하는 사람들을 돕기 위해 나서라고 말씀하시는가? 가능성을 소개하자면 끝이 없다. 그렇다. 이 타락한 세상에서 우리가 행해야 할 정의가 정말 많다.

하나님이 보여 주시는 길을 교회 안의 다른 사람들과 나누고 함께 토론하라. 하나님은 그들로 하여금 당신의 노력에 동참하거나 돕게 해주실 수도 있다. 그들이 정의를 행하기 위한 자신만의 방법을 고민하게 될 수도 있다. 개인적으로 정의를 행할 뿐 아니라 주변의 다양한 시스템과 구조를 이용할 방안도 모색해야 한다.

지난주에 우리 교회는 매트(Matt)라는 해병대 장군 출신의 76세 교인을 칭찬하고 하나님의 은혜를 축하하는 시간을 가졌다. 매트는 어려운 사람들을 위한 가구 사역을 시작했다. 그는 사회복지사들과 근처 피해 여성 쉼터에서 의뢰를 받아 우리 교인들과 함께 상태 좋은 중고 가구들을 어려운 사람들(주로 싱글맘의 가족들)에게 제공해 준다. 바로 지난주에 그는 세 살과 다섯 살짜리 아이들과 집 바닥에서 자는 여성을 만났다. 그가 그들에게 벙커침대를 설치해 주겠다고 하자 아이들이 물었다. "그게 뭐에요?"

매트는 빙그레 웃으며 대답했다. "보면 알아."

다음 날, 이 은퇴한 장군이 벙커침대를 설치하는 모습을 본 아이들은 눈이 똥그래졌다. 다섯 살짜리 아이는 흥분해서 세 살짜리 동생에게 큰 소리로 외쳤다. "하나님은 정말 대단하시지 않아?"

그 즈음, 남편에게 학대를 당하다가 집에서 쫓겨나고 마을 회교 사원에서도 외면을 당한 이슬람교도 여성이 매트를 만났다. 매트는 그 여성에게 가구를 제공했고, 우리 교회의 한 교인은 그녀에게 복음을 전해 주었다. 그리하여 그녀는 예수님을 믿게 되었다.

예수님을 진정으로 따른다면 의식적으로 정의를 행하게 되어 있다. 그러니 다른 사람과 함께 정의를 행하고 자비를 베풀면서 하나님 앞에서 겸손하게 살아가라.


## 6. 복음을 듣지 못한 이들에게 복음을 전하라

하나님은 모든 나라에 복음을 전하는 일에서 당신에게 독특하고도 중요한 역할을 주셨다. 그래서 이번 마지막 단계는 인생의 이 목적을 놓치지 않도록 계획을 세우는 것이다. 다음 세 가지 질문(마지막 질문은 두 부분으로 이루어졌기 때문에 엄밀히 말하면 네 가지 질문)에 답하면서 복음을 듣지 못한 나라들을 향한 성경적인 열정을 품고 살아가기를 바란다.

1. 복음을 듣지 못한 나라들을 위해서 어떻게 '기도할' 것인가? 심지어 침대에서 나오지 않고서도 이런 기도를 드릴 수 있다. 복음을 들어 보지 못한 사람들을 위해서 기도할 시간을 내라. 가족 및 교회 식구들과 함께 기도할 방안을 모색하라. 온라인 도구를 사용하여 다른 나라들의 필요를 파악하라. 이런 도구들에는 영적으로 물질적으로 가장 절박한 나라들에 관한 동영상들과 기도 제목들이 포함되어 있으니 활용하라. 혹은 조슈아 프로젝트에서 언리치드 오브 더 데이(Unreached of the Day)라는 앱을 다운로드하여 특정한 인종 집단들의 복음 전파를 위해 매일 정해진 시간에 기도하는 습관을 기르라. 프레이더워드(Pray the Word)라는 팟캐스트도 복음을 듣지 못한 사람들을 위해 기도하는 데 큰 도움이 되는 도구이다. 하나님이 세상 속에서 하고 계신 일을 알고 세상 곳곳에서 열심히 복음을 전하는 사람들

을 만나면 하나님의 역사에 기도로 동참하는 일에 더욱 열정을 품을 수 있다. 하나님의 글로벌한 목적을 위해 당신이 무릎으로 할 수 있는 역할을 절대 과소평가하지 마라.

2. 복음을 듣지 못한 나라들에게 어떻게 '재정적인 지원'을 할 것인가? 5장에서 우리는 세상에서 복음이 가장 미치지 못한 사람들과 장소들에서 복음 전파를 위한 재정적인 지원을 함으로써 큰 불균형을 바로잡아야 한다는 점을 살폈다. 미전도 지역에서 사역하는 현지인 크리스천들이나 고향으로 떠나 선교지로 간 선교사들에게 개인적으로나 교회 차원에서 재정적으로 지원할 통로가 많이 존재한다. 앞서 언급했던 래디컬의 선교 기관인 '어전트'(urgentneeds.org)를 통한 재정 지원도 추천한다. 이 기관은 영적으로나 물질적으로나 가장 열악한 지역들에서 충성스럽게 제자를 키우고 교회를 세우는 현지인 형제자매들을 돕는다. '어전트'를 통해 이 현지인 신자들에게 재정적 지원과 영적 격려, 지속적인 선교 훈련, 다른 충성스러운 일꾼들과의 연계를 제공할 수 있다. (바시르와 모스카를 비롯한) '어전트'의 일

꾼들은 정말 대단하다. 당신과 당신의 가족, 당신의 교회가 제공하는 재정적 지원은 이들의 사역에 큰 도움이 될 수 있다. 하지만 꼭 어전트를 통하지 않아도 된다. 복음을 듣지 못한 나라들에 재정적으로 지원할 길은 이외에도 많다. 어떤 경로를 이용하든 이 지상대명령이 완성될 날까지 물심양면으로 지원하여 이 큰 불균형을 바로잡자.

3. 복음을 듣지 못한 나라들로 어떻게 '갈' 것인가? 앞서 말했듯이 이 질문은 두 부분으로 이루어져 있다. 즉 '현재 사는 곳'과 '어디든 하나님이 이끄시는 곳'에 관해서 생각해 보기를 바란다.

첫 번째 질문은 "'현재 사는 곳에서' 복음을 듣지 못한 나라들로 어떻게 갈 것인가?"이다. 5장에서 보았듯이 하나님은 복음을 듣지 못한 나라들의 국민을 우리가 사는 지역과 도시로 데려오셨다. 예를 들어, 소말리아에는 복음을 듣지 못한 소말리아 사람들이 많다. 하지만 하나님은 많은 소말리아 사람들을 미국으로 데려오셨다. 따라서 그들을 비롯해서 하나님이 우리 곁으로 데려오신 미전도 종족들에게 복음을 전할 방법을 찾으라.

그런 다음에는 "'어디든 하나님이 이끄시는 곳'으로, 복음을 듣지 못한 나라들로 어떻게 갈 것인가?"에 답하라. 우리 모두가 현재 사는 곳에 머물면 전 세계적으로 32억 명의 사람들이 복음을 듣지 못할 것이다. 누군가가 그들에게 가야 하며, 그 누군가는 당신이 될 수도 있다. 혹은 내가 될 수도 있다.

그러므로 계속해서 하나님께 이렇게 기도하기를 바란다. "하나님, 복음이 아직 가지 않은 곳으로 제가 가기를 원하신다면 기꺼이 가겠습니다." 그렇게 기도하면서 그곳에 가기 위한 여러 방법에 관해서 생각해 보라. 복음을 듣지 못한 나라들에서 복음을 전하기 위해 단기선교에 지원할 것인가? 복음을 듣지 못한 나라들에서 여름이나 한 학기, 1년 혹은 2년을 보낼 것인가? 아예 선교사가 될 것인가? 복음을 듣지 못한 나라에 있는 학교로 진학할 것인가? 복음을 듣지 못한 나라에 취직할 것인가? 복음을 듣지 못한 나라에서 은퇴 후 삶을 보낼 것인가? 복음을 듣지 못한 나라들에 복음을 전하기 위해 최신 기술을 창의적으로 사용할 것인가? 다른 교인들 및 리더들과 함께 이런 방안을 고민하고, 하나님이 언제 이런 길로 이끄시든 따를 준비를 하라. 하나님이 이런 길로 이끄실 수도 있고 아닐 수도 있다. 하지만 언제든지 가라고 하시면 갈 준비를 하라. 지금 '현재 사는 곳'에서 시작하고, '어디든 하나님이 이끄시는 곳'으로 갈 경우에 마음을 열어 두라.

예수님의 제자는 하나님과 그분의 글로벌한 목적에 사로잡힌 사람이다. 예수님의 제자라면 자신의 삶, 가족, 교회를 통해 복음을 듣지 못한 나라들에 복음을 전하기 위해 개인적으로 또 다른 사람들과 함께 노력해야 한다.

## 주님을 온전히 따름에 물러서지 말라

이 책의 첫머리에서 나는 예수님과 교회가 아메리칸 복음이 제시할 수 있는 것보다 훨씬 더 많은 것을 제시할 수 있다는 점을 이야기했다. 우리가 예수님의 경이와 그분 교회의 숨 막히는 아름다움을 경험할 수 있다고 말했다. 하지만 그런 경험을 하려면 많은 것이 달라져야 한다. 다른 사람이 아니라 먼저 당신과 내가 변해야 한다.

자, 우리 앞에 선택의 길이 놓여 있다. 아메리칸 복음이냐 성경적인 복음이냐. 세상적인 분열이냐 초월적인 연합이

냐. 동질집단이냐 다인종의 아름다움이냐. 하나님의 말씀을
왜곡시킬 것인가 믿을 것인가. 다음 세대들이 떠나가게 만들
것인가 그들을 전도할 것인가. 정의에 관해서 말만 하고 좋
은 삶을 놓칠 것인가 정의를 행하며 좋은 삶을 경험할 것인
가. 자국만을 위한 열정이냐 세상 모든 나라들, 특히 아직 복
음을 듣지 못한 나라들을 향한 열정이냐. 수단으로서의 하나
님이냐 목적으로서의 하나님이냐. 자신을 높여 세상적인 힘
과 덧없는 번영을 얻을 것인가 자신을 십자가에 못 박고 하늘
의 힘과 영원한 번영을 얻을 것인가.

성경적인 복음을 받아들이자. 어떤 대가가 따르든지 오직
예수님 안에서만 발견되는 치유, 확실한 소망, 흔들림 없는
기쁨, 이해할 수 없는 연합, 형언할 수 없는 사랑, 영원한 생
명을 경험하고 다른 사람들에게도 전해 주자.

그날 해리가 내게 해준 것처럼 당신과 마주앉아 창문 밖
으로 국회의사당을 바라볼 수는 없을지 모르지만, 최대한 당
신에게 다가가 이렇게 격려해 주고 싶다.

마음에 진정한 복음을 품고 하나님을 상으로 삼은 채 꿋
꿋이 나아가라. 포기하지 마라.

# 순전한 복음을 위해 달려가는 동역자들에게

하나님의 은혜가 아니면 나는 아무것도 아니다. 그리고 이 책에 조금이라도 괜찮은 점이 있다면 그것 또한 수많은 사람을 통한 하나님 은혜의 증거이다.

실리(Sealy)의 격려, 조언, 지혜에 대해 하나님께 감사한다. 에스티(Estee), 앤드류(Andrew), 티나(Tina)를 비롯한 워터

브룩 멀트노마 팀 전체에 감사한다.

세스(Seth)와 데이브(Dave)에 대해서 하나님께 감사한다. 두 사람에 대한 나의 감사와 사랑을 어찌 몇 마디 말로 표현할 수 있으랴. 이들은 자기 분야의 달인들이다. 내가 이들의 학생인 것이 얼마나 가슴 벅찬 일인지 모른다. 그러니 내가 이들의 친구인 것은 더더욱 황송하기 그지없는 일이다. 이 책뿐 아니라 나와 함께하고 기도해 준 이들에게 감사한다.

부족한 내가 감히 목회하고 있는 우리 교회의 형제자매들에 대해 하나님께 감사한다. 특히 이들과 함께 그토록 힘든 시절을 지나온 것이 얼마나 감사한지 모른다. 나는 완벽한 목사와는 거리가 멀다. 이런 나를 참아 주시는 하나님을 찬양한다. 워싱턴 D.C. 지역에서 시작하여 열방 중에 하나님의 이름을 높이기 위해 그분이 원하시는 교회가 되는 일을 멈추지 말자.

크리스(Chris)를 비롯해서 나날이 성장해 가는 래디컬 팀에 대해 하나님께 감사한다. 크리스천들을 돕고, 교회들을 섬기며, 아직 복음이 가지 않은 곳에 복음을 전하기 위해 부단히 노력하는 팀원들에게 감사한다. 크리스는 세상에 다시 없을 친구이다. 그리고 우리 팀원들은 장애물 앞에서 멈추지 않고 모험을 감행하는 용사들이다. 모든 민족과 방언과 백성과 나라의 모든 남녀가 예수님의 제자로서 하나님을 높이는 날까지 멈추지 말자.

귀한 아내와 자녀를 선물로 주신 하나님께 감사한다. 가정과 교회의 일로 힘들었던 지난 몇 년 동안 아내는 항상 하나님을 믿고 나를 사랑해 주었다. 나는 세상에서 가장 복 받은 남편이자 아빠이다. 아내와 우리 아이들을 깊이 사랑한다. 하나님이 우리에게 개인적으로 그리고 가족으로서 맡기신 일을 다 감당할 때까지 포기하지 말자. 구원이 온 땅의 모든 나라에 알려지는 그날까지 전진하자(시 67:1-2).

무엇보다도 복음을 주신 하나님께 감사한다. 나의 왕이신 예수님을 통한 하나님의 은혜가 아니었다면 지금 내가 어떻게 되었을지 생각만 해도 아찔하다. 나를 향한 하나님 은혜의 열매를 통해 그분의 영광이 울려 퍼지기를 간절히 소원한다(요 3:30).

주

PART 1

/ chapter 1 /

1. Bob Smietana, "Many Churchgoers Want to Worship With People Who Share Their Politics," LifeWay Research, 2018년 8월 23일, https://lifewayresearch.com/2018/08/23/many-churchgoers-want-to-worship-with-people-who-share-their-politics.

2. David Platt, "United by Hope - Part 6, Exalting Jesus in an Election," McLean Bible Church, October 25, 2020, https://radical-net-assets.s3.amazonaws.com/images/20201030093403/MBC-102520-Platt-United-By-Hope-6-Exalting-Jesus-in-an-Election-1.pdf.

/ chapter 2 /

1. Barna Group, State of the Bible 2016(New York: American Bible Society, 2016), 32, https://1s712.americanbible.org/state-of-the bible/stateofthebible/State_of_the_bible-2016.pdf.

2. 나는 '회의주의 시대 속의 성경과 권위'라는 제목으로 이 주제에 관한 광범위한 설교 시리즈를 전한 적이 있다. Radical.net에서 그 설교를 볼 수 있다. 그 설

교의 끝에 다양한 참고 문헌을 추천해 놓았다. 몇 권만 소개하면 이렇다. D. A. Carson, *The Enduring Authority of The Christian Scriptures* (Eerdmans, 2016), R. C. Sproul, *Can I Trust the Bible?* (Reformation Trust, 2017), Norman Geisler and William Roach, *Defending Inerrancy: Affirming the Accuracy of Scripture for a New Generation* (Baker Books, 2011).

3. 성경에 관한 예수님의 시각을 더 알고 싶다면, John Wenham, *Christ and the Bible, Third Edition*(Wipf & Stock, 2009)을 읽어 볼 것을 추천한다.

4. Blaise Pascal, *Pascal's Pensees*(New York: Dutton, 1958), 163. 《팡세》(두란노 역간)

5. Martin Luther, quoted in David M. Whitford, "Luter's Political Encunters," in The *Cambridge Companion to Martin Luther*, ed. Donald K. McKim(Cambridge, U.K.: Cambridge University Press, 2003), 182.

6. Martin Luther(Sermon, Wittenberg, Germany, March 10, 1522), in Sermons, vol. 1, ed. and trans. John W. Doberstein, Luther's Works 51(philadelphia: Fortress, 1959), 77.

7. Martin Luther, "On the Jews and Their Lies," in *The Christian in Society*, vol. 4, ed. Franklin Sherman, Luther's Works 47(Philadelphia: Fortress, 1971), 167, 268-269.

8. Frederick Douglass, *Narrative of the life of Frederick Douglass: An American Slave*(New Toik: Signet Classics, 2005), 66-67. 프레더릭 더글러스, 《미국 노예, 프레더릭 더글러스의 삶에 관한 이야기》(지식을만드는지식 역간).

9. Douglass, *Narrative of the life*, 67-68.

## / chapter 3 /

1. 지 박사와 나오미가 설립한 사역 단체는 고아들 돌봄을 위한 '오픈 케어 에티오피아(Orphan Care Ethiopia)'로 불린다.

2. 성경적인 정의는 옳은 일을 하는 것과 그릇된 것을 바로잡는 것을 포함한다. 예를 들어, 가정에서 남편이 아내를 억압하거나 학대하는 것은 부당한 일이다. 따라서 정의는 남편이 아내를 학대하지 않도록 막고 학대당하는 아내를 돕는 동시에, 남편이 아내를 사랑하고 섬기도록 바로 잡아주는 것이다. 하나님은 남편이 그렇게 하는 것이 옳다고 말씀하셨다. 정의는 부패한 리더를 내

쫓고 정직한 리더를 세우는 것이다. 정의는 인신매매를 예방하기 위해 가난한 이들에게 교육과 자원을 제공하고, 인신매매를 당한 아이들을 구출하고, 인신매매범들을 체포하는 것이다. 정의는 시편 139편에 따라 태아의 생명을 존중하는 여론을 일으키고 태아를 보호하기 위한 법을 제정하려고 노력하는 것이다.

3. 혜택을 누린다고 해서 죄책감이나 수치심을 느낄 필요는 없다. 그리고 혜택을 누리는 사람이 다 부당한 방법으로 그 혜택을 얻은 것은 아니다. 부당한 방법을 쓴 사람도 있고 그렇지 않은 사람도 있다. 이 구절들에서 요지는 단지 어려운 사람들을 위해 자신의 풍성함을 사용하라는 것이다.

4. 누가복음의 이 구절에서 삭개오는 자신의 잘못(세금 징수라는 부패한 시스템을 통해서 한 일임에도)을 개인적으로 만회하기 위해 노력한다. 여기서 이 구절을 포함시킨 것은 구약에서는 사람들이 하나님의 명령에 따라 자신의 잘못을 바로잡았지만 신약에서는 예수님의 제자들이 자신의 잘못을 바로잡기를 스스로 원한다는 사실을 보여 주기 위해서다.

5. 2021년 유엔 난민 기구(UN Refugee Agency)의 발표에 따르면 2020년 말 박해, 갈등, 폭력, 인권 탄압 등, 공공질서를 허무는 심각한 사건들로 고향에서 강제로 쫓겨난 사람들은 전 세계적으로 8,240만 명에 이른다. "Figures at a Glance," The U.N. Refugee Agency, June 16, 2022, www.unhcr.org/en-us/figures-at-a-glance.html.

6. Hannah Hartig, "Republicans Turn More Negative Toward Refugees as Number Admitted to U.S. Plummets," Pew Research Center, May 24, 2018, www.pewresearch.org/fact-tank/2018/05/24/republicans-turn-more-negative-toward-refugees-as-number-admitted-to-u-s-plummets.

7. Andrea Palpant Dilley, "The Surprising Discovery about Those Colonialist, Proselytizing Missionaries," *Christianity Today*, January 8, 2014, www.christianitytoday.com/ct/2014/january-february/world-missionaries-made.html.

/ **chapter 4** /

1. James W. Loewen. *Lies Across America: What our Historic Sites Get Wrong* (NewYork: Touchstone, 2000). 제임스 W. 로웬, 《미국의 거짓말》(갑인공방 역간).

2. C. Helen Plane, quoted in Atlanta History Center, *A Condensed History of the Stone Mountain Carving*, (Atlanta, Ga.: Atlanta Historical Society, 2017), 6, www.atlantahistorycenter.com/app/uploads/2021/01/Condesed-history-of-Stone-Mountain.pdf. 다음 각주는 이 인용문이 실린 글에 포함되어 있다. Helen Plane to Gutzon Borglum, December 17, 1915, Helen Plane Papers. Special Collections Department, Robert W. Woodruff Library, Emory University, Atlanta, Georgia.

3. Claire Barrett, "Nation's Largest Confederate Memorial, Stone Mountain, to Get New Exhibit Explaining the Stie's 'Whole Story,'" Historynet, May 25, 2021, www.historynet.com/nations-largest-confederate-memorial-stone-mountain-to-get-new-exhibit-explaining-the-sites-whole-story.

4. Intoduction to J. H. Thornwell, *The Rights and the Duties of Masters* (Charleston, S.C.: Walker & James, 1850), iii

5. Thornwell, *The Rights and the Duties of Masters*, p. 14.

6. Morton H. Smith, "The Racial Problem Facing America," *The Presbyterian Guardian*, October 1964, 127. https://opc.org/cfh/guardian/Volume_33/1964-10.pdf.

7. Martin Luther King, Jr., " I Have a Dream"(speech, March on Washington, Washington, D. C., August 28, 1963), www.npr.org/2010/01/18/122701268/i-have-a-dream-speech-in-its-entirety.

8. U.S. Bureau of Labor Statistics, 2017년, https://www.bls.gov/opub/ted/2017/unemployment-rate-and-employment-population-ratio-vary-by-race-and-ethnicity.htm and 2022, https://www.bls.gov/cps/cpsaat05.htm.

9. Aditya Aladangady and Akila Forde, "Wealth Inequality and the Racial Wealth Gap," Board of Governors of the Federal Reserve System, October 22, 2021, https://www.federalreserve.gov/econres/notes/feds-notes/wealth-inequality-and-the-racial-wealth-gap-20211022.htm.

10. 2018년 흑인들의 유아 사망률은 백인들보다 두 배 이상 높았다. Center for Disease Control and Prevention, "Infant Mortality," www.cdc.gov/reproductivehealth/maternalinfanthealth/infantmortality.htm.

11. 흑인 여성들의 임산 관련 사망 위험은 백인 여성들에 비해 서너 배 높았다. "Meeting the Challenges of Measuring and Preventing maternal Mortality in the United States," Center for Disease Control and Prevention, February 28, 2018, www.cdc.gov/grand-rounds/pp/2017/20171114-maternal-mortality.html

12. Nada Hassanein, "2015년 10-34세 흑인 여성들을 대상으로 한 살인 범죄율은 같은 연령대의 백인 여성들에 비해 13배 높았다." *USA Today,* February 23, 2021, www.usatoday.com/story/news/health/2021/02/23/young-black-men-teens-made-up-more-than-third-2019-gun-homicides/4559929001.

13. Samuel R. Gross, Maurice Possley, Klara Stephens, *Race and Wrongful Convictions in the United States* (National Registry of Exonerations, 2017), www.law.umich.edu/special/exoneration/Documents/Race_and_Wrongful_Convictions.pdf.

14. UNCF, "K-12 Disparity Facts and Statistics"는 인종별 교육 불평등을 소개한다. uncf.org/pages/k-12-disparity-facts-and-stats. the Bureau of Labor Statistics, "Labor force characteristics by race and ethnicity, 2018"은 다양한 경제적 불평등을 소개한다. www.bls.gov/opub/reports/race-and-ethnicity/2018/home.htm. 2020년 the Stanford News의 "Stanford Professor's study finds gentrification disproportionality affects minorities"는 젠트리피케이션이 소수자들에게 미치는 영향들을 지적한다, news.stanford.edu/2020/12/01/gentrification-disproportionately-affects-minorities/.

15. Michael Emerson and Christian Smith, *Divided by Faith: Evangelical Religion and the Problem of Race in America* (Oxford University Press, 2001), 2016

16. Korie Little Edwards, "The Multiethnic Church Movement Hasn't Lived up to It's Promise," *Christianity Today,* Februay 16, 2021, www.christianitytoday.com/ct/2021/march/race-diversity-multiethnic-church-movement-promise.html; Brandon Martinez and Kevin Dougherty, "Race, Belonging, and Participation in Religious Congregations," 3. Journal for the Scientific Study of Religion 52, no 4(December 2013): 713-32, onlinelibrary.wiley.com/doi/full/10.1111/jssr.12073.

17. Stephen Menendian, Samir Gahmbhir, Arthur Gailes, "The Roots of Structural Racism Project: Twenty-First Century Racial Residential Segregation in the United States," Othering & Belonging Institute of University of California, Berkeley, June 21, 2021, https://belonging.

berkeley.edu/roots-structural-racism.

18. Martin Luther King, Jr., "Letter from Birmingham Jail," April 16, 1963, https://library.samford.edu/special/treasures/2013/graphics/SC4630wm. pdf.

19. King, "Letter from Birmingham Jail."

20. Michelle Boorstein et al., "Faith Community Takes Center Stage As Thousands Again Gather for 10th Day of Protests in D. C." *The Washigton Post*, June 7, 2020, www.washingtonpost.com/local/crowds-gather-near-white-house-for-10th-day-of-protests-in-dc/2020/06/07/bc924062-a6cb-11ea-bb20-ebfo921f3bbd_sotry.html.

## / chapter 5 /

1. "Global Summary," Joshua Project, https://joshuaproject.net.

2. 안보와 일관성 없는 보고 같은 다양한 요인 때문에 글로벌 선교와 재정적 지원에 관한 완벽히 정확한 정보는 얻기가 힘들다. 이 숫자는 2020년 3월 다음과 같은 곳에서 얻을 수 있는 데이터들을 비교해서 산출한 것이다. Joshua Project; Gordon-Conwell Theological Seminary, "Status of Global Christianity 2022," David Barrett and Todd Johnson, *World Christian Trends AD 30-AD 220: Making Sense of the Annaul Christian Megacensus* (William Carey Library, 2013); Jason Mandryk, *Operation World: The Definitive Prayer Guide to Every Nation*, Seventh Edition (IVP Books, 2010); Gina Zurlo and Todd Johnson, *World Christian Encyclopedia,* Third Edition (Edinburgh University Press, 2019); Todd Johnson과 Kenneth Ross, *Atlas of Global Christianity,* First Edition (Edinburgh University Press, 2009). 더 많은 정보를 얻고 싶다면 다음을 방문하시오. https://radical.net/secret_church/secret-church-21-the-great-imbalance/.

3. 성경에서 복음을 듣지 못하고 죽는 사람들이 어떻게 된다고 말하는지 알고 싶다면 radical.net을 방문해서 관련 자료를 찾아보라. 《래디컬》(*Radical : Taking Back Your Faith*, 두란노 역간)의 7장을 읽어도 좋다.

4. John Piper, *Let the Nations Be Glad!: The Supremacy of God in Missions*

(Grand Rapids, Mich.: Baker, 1993), p. 46. 존 파이퍼, 《열방을 향해 가라》(좋은씨앗 역간).

## / chapter 6 /

1. Thomas Á Kempis, *The Imitation of Christ*(Nashville, Tenn.: B&H, 2017). 103. 토머스 아 켐피스, 《그리스도를 본받아》(두란노 역간).

2. Kempis, *The Imitation of Christ*, 103-104.

3. William Blair and Bruce Hunt, *The Korean Pentecost and the Sufferings Which Followed*(Edinburgh: Banner of Truth, 1977). 71-72. 《하나님이 조선을 이처럼 사랑하사》(지평서원 역간).

4. Blair and Hunt, *Korean Pentecost*, 72.

## PART 2

## / chapter 7 /

1. James Truslow Adams, *The Epic of America*(Boston: Little, Brown, 1931), 404.

2. 성경 암송에 도움이 되는 책으로 앤드류 M. 데이비스(Andrew M. Davis)의 *An Approach to Extended Memorization of Scripture*(집중적인 성경 암송을 위한 한 접근법)를 강력히 추천한다.

**DON'T**

**HOLD**

**BACK**